服务无界与未来银行

开放银行

刘勇　李达　著

中信出版集团 | 北京

图书在版编目（CIP）数据

开放银行：服务无界与未来银行 / 刘勇，李达著
. -- 北京：中信出版社，2019.9（2021.3重印）
ISBN 978-7-5217-0912-4

Ⅰ. ①开… Ⅱ. ①刘… ②李… Ⅲ. ①商业银行—银行业务—研究—中国 Ⅳ. ①F832.33

中国版本图书馆CIP数据核字（2019）第174614号

开放银行：服务无界与未来银行

著　　者：刘勇　李达
出版发行：中信出版集团股份有限公司
（北京市朝阳区惠新东街甲4号富盛大厦2座　邮编　100029）
承 印 者：北京诚信伟业印刷有限公司

开　　本：787mm×1092mm　1/16　　印　　张：13.75　　字　　数：152千字
版　　次：2019年9月第1版　　印　　次：2021年3月第3次印刷
书　　号：ISBN 978-7-5217-0912-4
定　　价：59.00元

序

有序推进银行数字化转型，服务经济高质量发展

2019 年 2 月 22 日，习近平总书记主持中共中央政治局第十三次集体学习并发表讲话，再次聚焦金融领域两件大事：完善金融服务、防范金融风险。实体经济是金融的根基，金融是实体经济的血脉，为实体经济服务是金融的天职和宗旨。金融在经济中的作用日趋显著。金融是撬动中国经济发展的有力杠杆，是中国走出去的重要推动力量，同时也是未来经济持续、健康、稳定发展的保障。

以互联网、大数据、云计算、人工智能为代表的信息革命，推动着中国经济的新旧动能转换，也推动着传统金融的变革和新金融的创新发展。未来金融业的发展水平以及金融服务于实体经

济的能力，将越来越依赖于科技的力量。金融业的核心是处理投资人和筹资人信息不对称的问题，在解决这个问题中数据信息起到至关重要的作用。数据资源也正和土地、劳动力、资本等生产要素一样，成为促进经济增长和社会发展的基本要素。金融行业数据的整合、共享和开放正在成为趋势，以数据共享为核心的开放银行在数据价值觉醒的背景下兴起。

开放银行诞生于金融与科技融合发展的时代背景下，是一种利用应用程序编程接口技术帮助银行与第三方实现数据共享的战略模式，在促进普惠金融、助力金融供给侧改革、防控金融风险方面具有较强的现实意义和实践价值。

我们也要注意到，在开放银行建设过程中防控金融风险亦不容忽视，尤其是在经济全球化、中国经济与世界经济深度融合的背景下，在金融创新、提升服务效率的同时，更要高度重视金融安全问题。银行要对数据泄露、网络安全、合作方欺诈、法律合规等风险给予重视，要确保数据主体对自身数据的占有、使用、收益和处分的权利。银行业乃至金融业数据的开放更需要以数据权利的保护为前提，通过严格的执法和行业的自律，确保数据在产权清晰、权利保障有效的框架下发挥更大的价值，数据开放才会拥有健康的未来。

金融科技最终的落脚点是金融本身，终极目标是服务实体经济，解决经济社会发展中的痛点、难点，惠及民生。在“开放银行”引领银行变革新阶段，所有的持牌金融机构都要树立服务意识，以客户为中心开发金融产品，才能有效服务实体经济。

《开放银行》一书厘清了国内外开放银行理论与实践路径，就金融科技底层技术对开放银行的影响进行了详细的分析及阐述，并结合最新法律法规及监管政策研究，分析了开放银行对金融业态的影响，兼具研究性和普及性，对开放银行在我国的发展和推广研究有一定的参考意义和借鉴价值。行业的实践和健康发展离不开理论的指引和实践的推动，我相信在有关部门指导下，通过系统的探讨和积极的尝试与探索，开放银行在我国的实践会更加理性和稳健。

是为序。

周延礼

全国政协委员，国务院参事室特约研究员，

原保监会副主席、党委副书记

前言

自 2014 年以来，始于英国监管部门“自上而下”的推动，系统性的“开放银行”理念逐步走到金融创新前台，经历多年探索之后，在近两年受到各国监管部门和金融机构的广泛关注。

开放银行是银行 4.0 阶段的起点，也是银行服务完整性的起点。

从银行服务提供方式的角度来看，银行发展至今经历了 4 个阶段：银行 1.0，网点服务阶段；银行 2.0，自助银行阶段；银行 3.0，基于互联网的银行服务阶段；银行 4.0，银行即服务阶段。从出现借贷行为开始算起，银行服务已经有几千年的历史。然而，如同其他行业一样，技术是对银行业的最大束缚，也是最大的推动力。在 1.0 阶段，人们只能在有银行网点的地方获得银行服务，甚至不得不长途跋涉才能到达银行网点所在地。由于银行之间信息传递和提供服务成本的高昂，能够获得银行服务的也只是少数富人或者居住于人口相对集中的城镇人群。2.0 阶段，银行服务随着商业模式的复杂化而不断变化，更多人成为银行的客户。然而，银行服务的提供方式直到自动柜员机（ATM）出现之前都没有本质变化。自动柜员机出现的最重要的意义在于，打破了银行服务只有在固定时间、固定地点才能提供的可能性。支付终端（POS）等同样使得银行服务得以延伸，后来的电话银行、网上银行等同样延伸了银行服务。

3.0 阶段，20 世纪互联网的出现则彻底改变了银行服务的提供方式。一方面，基于个人电脑终端可以使人们快速获得银行服务；另一方面，银行内部所有信息都不再依赖于纸质版本，而是可以全部数字化，这是未来变革的基础。智能手机的出现，更加彻底颠覆了传统的银行服务提供方式。银行服务再次不必发生在"银行"，第三方支付、手机"银行"账户等都让人们对于银行本身的需求不断降低。但是银行服务却"飞入寻常百姓家"。更低的门槛、更低的费用，使世界各个角落的人们都在享受着智能手机时代的红利，以及基于它的银行服务。

在对个人数据和隐私权保护意识不断加强的当今社会，人们再次把目光投向银行这个"巨无霸"。人们的金融数据所有权是否仍由银行独占，已经有了新的释义和法律规定。由欧盟开启的数据保护及支付服务的立法，在增加银行业竞争的同时，也给予新进入者平等竞争的机会。银行也同样感受到数字化革命不断深入带来的冲击，开始积极参与银行服务无界时代的竞争。然而，银行服务再也不是基于银行实体，虚拟化的银行本身即可提供。

前言

人类对于自由的追寻贯穿了人类进化史，而技术进步就是人类自由征途上最有力的工具。无处不在、无时无刻不在享有银行服务自然是自由的一部分。不管是银行业自身的进步还是外部技术进步带来的冲击，银行本身也是在技术进步的浪潮中不断前行。数字化革命不同于工业革命和电力革命的根本点在于，前者使得时间仅仅成为数字。全球轮动的股票市场、外汇市场、债券市场、实时跨境汇款、永不停止的商业活动，背后都需要银行服务的不间断支持。

由科技武装起来的大型科技公司、金融科技公司、新兴银行都在不断撼动传统银行的地位，人们信赖的不再是银行本身，而是银行服务。在无形的“银行服务”面前，西装革履的客户经理、闹市区的营业网点、古色古香的银行大楼，都不再是客户考虑的因素，也不会再吸引客户的关注，而所谓的品牌忠诚更可能是无稽之谈。谁能更快速地深入消费者的各个场景，谁就更能够成为消费者的首选。至于微小的利差，在无所不在的银行服务面前不会再是消费者重要的考量。

金融的创新永远都是金融产品的创新，无论是期货、期权还是利率掉期或外汇掉期的出现，永远比新时代银行大楼的创新重要得多。数字化革命的深入正在对经济的各个层面产生深远的影响，即使银行服务本身也难以不被变革。从网点银行阶段走来的银行 1.0 时代，到互联网银行的银行 3.0 时代，银行服务是割裂的。消费者需要在不同的银行开设账户，即使第三方支付在银行服务中打开缺口，也不过使得消费者更加不了解自己的账户信息。很难有消费者能在第一时间了解自己所有储蓄余额的情况，也无法了解自己剩余信用额度情况，中小企业的结算依然需要统计不同银行账户信息，这些难道是不可改变的事实吗？

银行服务的无界只是第一步，接下来的自然是银行服务的完整性。开放银行就是完整服务的催化剂，它第一次使得人们通过单独一个应用程序就可以对自己的所有银行账户信息了如指掌成为可能。人们终于可以通过自己的授权让第三方自由使用自己的金融数据，创造了能让自己获得更优质金融服务的可能。同时，使基于历史形成的所谓的“百年银行”品牌在新兴银行面前不再具有无法替代的优势，新进入银行业的新兴银行获得了和传统大型银行平等竞争的机会。曾经富丽堂皇的银行大厦，或许终将化为处理器中的一连串数字，而“银行服务”则成为类似互联网一样的存在，人们每时每刻都会需要，但是“生蛋的鸡”是谁将不再那么重要。

伴随现代银行业的发展，新技术在商业银行各个层面发挥的作用越来越突出，并且深刻影响着银行的内部架构与外部环境。从技术和业务两个层面出发，越来越多的银行开始关注战略与细节层面的开放合作问题。从长远来看，“开放银行”不仅仅是一项具体的技术或业务解决方案，而且是金融科技时代银行业战略转型的重要方向。“开放银行”建设离不开对前沿技术的研究与应用，就金融科技的底层重大技术来看，需关注人工智能、大数据、互联网技术（移动互联、物联网）、分布式技术（云计算、区块链）、安全技术（密码技术、量子技术、生物识别技术），还有一些尚在发展的前沿技术，如边缘计算、数字孪生、脑机结合、增强现实等，以及有向无环图（DAG）、哈希图（Hashgraph）等下一代分布式技术。当然，不同技术的成熟度和可应用程度实际上是有差异的，这也影响到银行科技创新的技术路径选择。

然而需要提醒的是，开放银行的推出是基于数据保护的。在数据保护立法滞后的情况下，开放消费者数据将带来安全问题隐患。在金融科技背景下数据可能被另做它用，成为被人觊觎的金矿。认清名曰“金融创新”之后，是否如同互联网金融、数字化代币形成新的系统性风险之源，对于监管者而言或许比追上“潮流”重要许多。本书紧跟开放银行发展潮流，透彻分析了当今开放式银行主流模式，并就金融科技底层技术对开放银行的影响进行了详细的分析及阐述，在章节内容中适当地融入开放银行国内外最新典型案例，并结合最新的法律法规及监管政策，逐一分析了开放银行对金融业态的影响及对未来发展前景的影响，为银行、金融科技相关从业人员提供丰富的理论知识及实践案例参考。

本书共分为5章。第一章为“商业银行的‘本我’与‘自我’”，介绍了银行服务及银行服务的提供方式。我们认为银行1.0阶段就是网点银行阶段，银行2.0阶段则是自助银行阶段，银行3.0阶段是基于互联网的银行服务阶段，银行4.0阶段则是银行即服务阶段，开放银行拉开了银行4.0阶段的序幕。第二章为“开放银行：银行成为平台”，是核心章节。本章尝试完整分析开放银行是什么，以及开放银行的基本架构。重点介绍了开放银行被提出的过程和驱动因素，讨论了开放银行对于参与者的影响，并且重点说明应用程序编程接口在这里的重要角色，以及开放银行带来的益处。第三章为“开放银行实践”，介绍了国内外经典案例，重点是需要首批开放的9家银行中的部分银行以及部分新兴（挑战者）银行。第四章为“开放银行数据保护溯源与数据所有权之争”。开放银行的出现本质上是因为数据保护法律的修改，因此需要从法律修改的角度来厘清开放银行出现的背景，并且引出启发性思考。第五章为“未来银行：银行开放与服务无界”，作为总结性章节重点说明了开放银行的变革只是起点，银行开放的背后是技术进步，基于这些技术进步，银行需要做哪些转型准备。除此之外，银行服务的完整性才是人们所需要的，本章探讨了未来银行的可能性，透过之前的发展来预测未来银行可能的状态。

本书的撰写工作得到了众多行业专家的帮助和指导，在此特别感谢全国政协委员，国务院参事室特约研究员，原保监会副主席、党委副书记周延礼先生为本书做序。国家金融与发展实验室副主任杨涛先生，波士顿咨询资深顾问孙中东先生，第四范式合伙人、执行副总裁杜宁先生，《比较》杂志社副主编吴素萍女士，启迪科技副总裁蒋永庆先生，中央财经大学法学院教授邓建鹏先生，中国建设银行研究院边鹏博士，中科软张正博士等专家对本书给予的意见和建议。本书如有不足之处，请读者批评指正。

第一章

商业银行的“本我”与“自我”

银行的“本我”：银行服务

基本的银行服务

“本我”与“自我”是精神分析学家弗洛依德在心理动力理论（Psychodynamic）中提出的。本我（Id）是在无意识形态下的思想，代表思绪的原始程序。自我（Ego）是人格的心理组成部分。[①] 对商业银行而言，银行的物理存在可以被看作“自我”，而银行服务则是银行的“本我”。当没有统一去看银行的“自我”与“本我”时，我们发现很难去定义银行。在现代化大厦里办公，有营业柜台的才是银行吗？这很可能只是保险公司。能合法吸收存款的机构就是银行吗？也不尽然。显然，当我们定义商业银行是什么时，往往需要借助其功能来定义——商业银行是接受公众存款并且创造信用的金融机构。[②] 又或者我们称之为

① https：//zh. wikipedia. org/wiki/%E6%9C%AC%E6%88%91%E3%80%81%E8%87%AA%E6%88%91%E4%B8%8E%E8%B6%85%E6%88%91

② https：//en. wikipedia. org/wiki/Bank

“随着经济社会、金融需求发展而产生的，是提供支票账户、活期存款、商业和个人贷款、储蓄工具以及各种其他相关金融服务的金融机构”。

银行服务则相对容易理解。无论是银行为公众、为企业、为非银行金融机构还是其他银行提供的服务，都可以被看作银行服务。从资产负债表角度来看，银行服务大体可以分为三类，一是资产业务，二是负债业务，三是中间业务。从字面来理解，只要能够成为银行资产的业务都是资产业务，例如向企业或者个人发放贷款；同样，增加企业负债的业务就是负债业务，例如各种存款业务；其他的各类理财、汇兑、清结算、信用卡等服务都属于中间业务。从收入角度看，资产业务是利息收入的主要来源，中间业务主要是各种服务费收入，而存款业务则纯粹是成本支出。

银行服务种类较多，我们这里详细解读几个较为常见并且和本书联系较为紧密的服务，例如贷款、存款、（跨境）支付、个人财富管理等。

贷款业务是银行最基本、最核心的业务，也是主要利润来源。比较有意思的是，银行贷款不一定来自银行，例如委托贷款业务对银行来说只是中介业务，而不能算作贷款业务。贷款业务大体分为两类，一是抵押贷款，二是信用贷款（即无抵押贷款）。信用贷款市场目前竞争激烈，服务提供商早已超越了银行的范畴。

存款业务是银行（包括农村信用社）区别于其他非银行金

融机构的关键特征。银行能够合法地吸收公众存款。对于普通消费者，较为熟悉的是活期存款账户、定期存款账户。此外，还有企业经常使用的一些票据业务，以及贴现服务。但是现在很多消费者已经通过电子钱包进行实质上的储蓄，例如中国支付宝余额、微信钱包，还有肯尼亚的移动钱包 M-Pesa，都成为事实上的小额存储方式，存款业务提供商已经不再只是银行。

支付服务是消费者最常用的银行服务，在互联网和电子支付普及之前，人们使用较多的是支票服务，因为方便携带，而能够提供支票的只有银行。随后出现的支付终端（Point of Sale Terminal，简称 POS）机和以苹果支付（Apple Pay）为代表的电子支付方式，虽然背后都离不开银行服务的支撑，但是银行已经不再是支付服务的直接提供商。当前数字经济时代，银行支付业务可以被看作金融科技公司等最先攻克的银行服务的堡垒，银行在第三方支付的冲击下逐渐丧失了很大的支付市场份额。

跨境支付以及由此带来的跨境结算，都是银行服务的重要组成部分。跨境支付某些时候更多是政治问题而不是经济问题，例如某些国家对资本账户进行管制，有些国家受到其他国家的制裁，还有一些国家由于战乱没有外国银行机构的分支结构。此外，跨境支付重点防范的是洗钱，而服务的障碍在于转账时间较长和费用较高。

个人财富管理是银行提供的主要中介服务。它是一种投资咨询业务，其中包括个人的财务规划、投资组合管理和其他汇总金融服务。个人财富管理一方面是在理财顾问的帮助下解决或增强其财务状况并实现短期、中期和长期财务目标的做法，另一方面也是向高净值客户提供全方位金融产品和服务的做法，旨在帮助客户实现特定的财务目标。[①]

以上这些银行服务是较为常见并且和消费者息息相关的，还有很多其他银行服务在这里不再赘述。正是这些银行服务使“银行”有了具体的功能和定义，并且使银行服务也成为银行的“本我”。

银行服务的变与不变

银行服务作为抽象概念以及具体表现为支付、存款、贷款等方面来看，在过去的几百年几乎没有变化，但是银行服务的提供方式和服务的提供机构出现了转变。下一节我们会专门强调银行服务提供方式的变化以及由此对银行发展阶段的划分。这里说的银行的变与不变，将更多从抽象角度看待银行服务的发展。

无论是贵金属本位时代还是法币时代，在通货膨胀较为温和的情况下，货币的价值储藏和交易媒介职能可以被认为是银行存在的基础，尤其是随着贸易距离不断扩展以及商业复杂化之后更是如此。贵金属货币的携带不便，自然会产生在目的地进行“存取款”的需求；而商业复杂之后，个人很难在初始时拥有足够的

---

① https：//www. investopedia. com/ask/answers/052915/what-private-wealth-management. asp

资本进行一项投资，大规模的贷款需求自然存在。

上述需求是否必须通过现代银行满足呢？从银行的发展史来看，回答是否定的。在“银行”没有出现之前，个人借贷已经存在，尤其是民间借贷的历史要比“银行”历史长得多。但是从借贷行为本身来看，银行借贷服务和民间借贷服务的实质是相似的，都实现了资本流动。银行作为提供“银行服务”的机构，满足了人们对于“银行服务”的基本需求，同时也表明“银行服务”的需求是一直存在的，不过由银行来提供“银行服务”不是必然的。

贷款业务作为最古老的业务，现在的提供方已经不再局限于银行机构。在消费领域的小额贷款服务，早已按照不同的场景进行了划分，例如汽车消费贷款、小额消费贷款、信用贷款等，消费金融公司等已经成为“银行服务”的重要提供商。

支付领域是银行服务受到冲击最大的领域。在第三方支付没有出现之前，支付服务是由银行提供的，技术进步使得非现金支付方式得到了普及。在第三方支付出现之后，消费者逐步抛弃了银行卡、支票等传统支付方式，而直接采取电子钱包的方式进行支付。

银行服务原本应该是银行的“本我”，但是随着金融科技的出现以及互联网的普及，银行在提供银行服务方面失去优势。除了被严格限制的存款业务以外，贷款业务、跨境消费支付、支付服务、个人财富管理，甚至反洗钱都不再只有银行可以提供。

在现代数据保护意识不断增强的背景下，银行垄断“银行服务”的时代，尤其是大型银行垄断时代被强制打破。数据的开放和“银行服务”提供方的多元化，对于银行都是巨大的冲击。当然，当银行可以摆脱沉重的实体包袱，而成为真正的抽象的服务提供方时，银行和银行服务将不再是“自我”与“本我”的区别，而是合二为一的存在。

银行的“自我”：银行的发展阶段

我们把银行发展阶段分为四个阶段，从银行1.0到银行4.0。我们对其的划分依据是按照提供银行服务的方式进行的。这和《银行4.0》一书中把银行发展分为四个阶段的依据有所不同。从本书的角度来看，获得银行服务的难易程度毫无疑问地随着技术进步而不断降低，可以得到银行服务的时间在不断增加，目前我们几乎可以24小时获得银行服务（当然，部分柜台业务除外）。因此，以获得银行服务的难易程度和获得银行服务的时间界限作为坐标轴，可以得到图1.1所示的结果。

银行1.0：网点银行阶段

银行在人们的生活中是必不可少的。然而，提起银行人们首先会想到的可能是在金碧辉煌的大厦或者繁华的商业街、居民区的商铺存在的某家银行总部或分支机构。

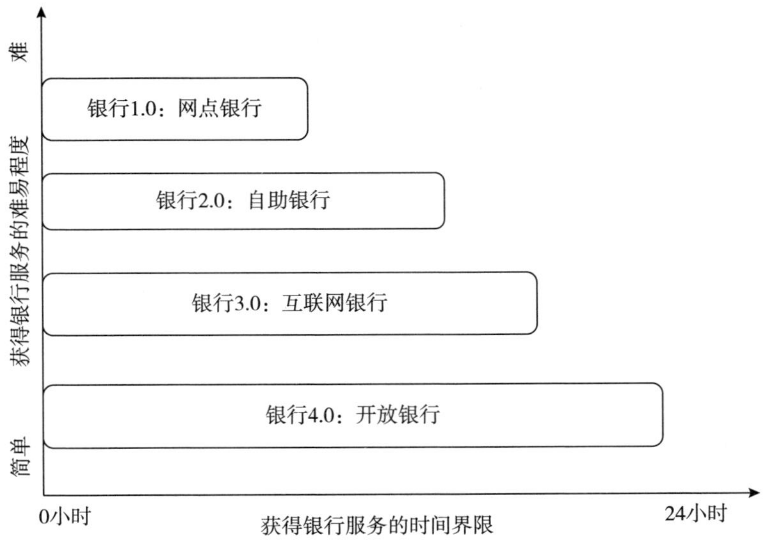

图 1.1 银行发展阶段示意图

银行并不是自诞生之日起就是网点模式，从其出现到以网点为主的模式经历了巨大的变革。公认银行业可以追溯的最远时期是公元前 2000 年左右的古代西欧时期，寺庙作为资金出借方提供贷款，同时接受存款和进行货币兑换。显然，当时寺院和“银行”是等价的，所有的金融服务都是通过寺庙提供的。

中世纪和文艺复兴时期的意大利诞生的银行类似于近代银行系统，已经以网点的形式存在，例如总部位于意大利锡耶纳自 1472 年经营至今的锡耶纳景点西雅那银行（Banca Monte dei Paschi di Siena）和 1580 年成立的意大利威尼斯银行。现代银行业可以认为发轫于 1694 年成立的英格兰银行。一方面它采用了现代的银行网点方式进行交易，并且是股份制银行；另一方面它的银行业务最为健全，包括吸收存款、发放贷款、货币兑换、转移资金等，并且是第一家中央银行，具有货币发行职能。自此之后，即使银行再富丽堂皇，银行服务的提供方式并没有任何本质变化，在世界各地布局网点成为银行扩张的唯一渠道。

按照银行服务的提供方式来划分银行发展阶段的话，在自动柜员机（Automated Teller Machine，简称 ATM）出现之前，只有在网点才能进行银行服务，因此本书认为银行 1.0 阶段一直持续到现在。虽然目前银行网点出现了减少的趋势，2009 年以来，发达国家经济体的银行网点数已经减少 8% ~22%（张晓朴等，2018），但是网点作为连接银行客户的重要物理载体，可预见的未来并不会消亡，也就是说银行 1.0 阶段依然会和其他阶段并行。

银行 2.0：自助银行阶段

网点银行，或者说银行 1.0 阶段的最大特点在于，银行服务提供是受到限制的，只能在特定时间（银行的工作时间）和特点地点（银行的各分支机构）进行，数百年没有本质改变，直到 20 世纪计算机技术和互联网技术的出现。

自助终端：ATM 和 POS

美联储前主席保罗·沃尔克于 2010 年曾言“银行业唯一有用的发明是 ATM”。然而，1939 年由路德·乔治·辛健（Luther

George Simjian）发明并被安装在纽约街头的 ATM 却只存续了半年。很难说是科技限制了“银行服务”的转变还是人们的认识限制了“银行服务”的转变。当然，这种限制只是暂时的。

1967 年 6 月 27 日，巴克莱银行（Barclays Bank）的外墙上出现了第一台成功投入商用的 ATM，它由英国人约翰·谢泼德－巴伦（John Shepherd-Barran）发明。在这台 ATM 的开业仪式上，英国演员雷吉·瓦尼（Reggie Varney）被邀请来捧场，也由此成为第一个在 ATM 上取钱的人。但是需要指出的是，他并不是通过我们现在所熟悉的银行卡进行取款，更不是“无卡取款”，而是通过预先购买的指令牌，在设备识别之后“吐出”固定额的现金。

20 世纪 70 年代，出现第一批支付系统开始，国际和国内间电子支付业务突飞猛进，国际银行结算系统 SWIFT（环球同业银行金融电信协会）支付网络也于 1973 年建成。同样是 20 世纪 70 年代，支付终端（Payment Terminal，Point of Sale Terminal，简称 POS，或者称为 Point of Purchase，简称 POP）诞生。

新生事物总是没有那么完美，彼时的 ATM 没有友好操作界面，没有语音提示，经常出现系统故障，尤其是当时用于取款的媒介——指令牌——无法快速、便捷地被 ATM 识别。但是这些不便都不影响 ATM 的普及以及它带来的冲击。花旗银行（Citibank）在 1978 年共计投入约 1.6 亿美元，完成了纽约 ATM 全覆盖的布局，仅此一项就让花旗银行在纽约的存款占有量翻了一番。

ATM本质上是银行服务在时间和空间布局上的突破。虽然有诸多不便，但是人们终于可以在银行非工作时间享有最基本的取现服务。显然，如果ATM能够形成网络的话，威力将会更大。这里的网络是说不同银行能够通过一台ATM提供服务，而不是每家的ATM只能服务自己的客户。这就是最初的银行服务完整性的缺失，因为对于消费者来说，重要的是能够取款，而不是只能在自己开立银行账户的银行ATM取款。7年之后的1985年，以美国汉华银行为首的六家主流银行为了对抗花旗银行在ATM市场的垄断地位，成立了纽约现金交易网络。这意味着只要持有除花旗银行以外的银行卡，就可以在任何一台ATM上进行取现操作。人们最关心的是“银行服务”而不再是银行本身，第一次体现出来。

作为银行2.0时代的标志之一，ATM的功能随着技术进步不断升级、逐渐丰富，除具备转账、识别支票、存款等基本功能外，还支持自助定期存款、理财风险评测甚至理财产品申购等高级功能。甚至在金融服务以外，部分新型智能ATM还拥有医院挂号、水电煤气缴费、交通票务代售等生活服务功能。2016年1月，美国科技网站“苹果内幕”（Apple Insider）报道称，美国银行和富国银行将在各自的ATM中加入对苹果移动支付服务苹果支付的支持。

从消费者的角度来看，在更便捷的方式没有出现之前，ATM已经让消费者摆脱基本银行服务需求的物理限制。同样的逻辑，如果有更便捷的方式，那么ATM的逐渐消失也是必然趋势。中国人民银行《2018 年支付体系运行总体情况》显示，2018 年第四季度银行 ATM 总量为 111.08 万台，较上季度末减少 1.77 万台。这也是中国自人民银行 ATM 统计以来首次出现数量下滑。

银行 2.0 时代的另一个标志是 POS，也是便捷支付的前身。货币三大功能之一的储值功能，是人们持有货币的重要原因之一。当人们需要购买其他商品时，人们其实不在乎采用什么介质来支付，是科技束缚导致了必须采用货币现金的方式进行支付，其不便之处在于客户需要将自己之前存储的货币变现，此时人们不得不去银行取出现钞，最终完成支付。ATM 方便了人们在银行非营业时间取现的需要，但是 POS 则直接省去了这个环节。

1979 年 POS 出现，当时维萨（Visa）引入了庞大的电子数据采集终端，这是第一个支付终端。同年，磁条第一次被添加到信用卡中。这允许以电子方式捕获卡信息并导致支付终端的发展，而之前则是由凸起信息的纸带传递信息。

“维萨国际组织”的前身“美国银行卡”，它是 1966 年美国银行开始在全美范围内有选择地许可一些银行运营美国银行卡业务，获得许可的银行可以使用“美国银行卡”的品牌独立运营，并且签约的商户必须受理所有的美国银行卡。而没有进入“美国银行卡”的银行成立了“银行信用卡协会”——“万事达卡”（MasterCard）前身。

20 世纪 90 年代后期，磁条卡开始被智能卡取代，这种卡将芯片嵌入卡中。这样做是为了增加安全性并要求将卡插入信用卡终端。20 世纪 90 年代末和 21 世纪初，非接触式支付系统被引入，并更新了支付终端，从而包括使用近场通信（NFC）技术读取这些卡的能力。

从银行角度来看，无论是ATM还是POS，都取代了通过银行网点人工服务进行的存取款业务的方式，将节约大量的非固定成本。美国市场调研公司福瑞斯特（Forrester Research）的一项调查指出，69%的欧洲消费者经常使用ATM，2011年英国消费者共使用ATM 28.7亿次，取走了1 910亿英镑。如果这些业务发生在网点柜台的话，自然将会需要更多的员工，而银行网点最大的非固定成本就是员工开支。

电话银行

电话的出现要早于计算机的出现，电话银行的出现自然也相对较早。美国的银行在20世纪50年代就发展了电话银行（Call Center），澳大利亚银行于60年代发展了电话银行，欧洲银行的电话银行也于60年代出现。70年代，北欧芬兰联合银行就开展了电话银行业务，客户通过电话即可办理转账、查询、外汇买卖和股票买卖等业务。随后，英国米特兰银行（Midland Bank）、美国大通银行、法国巴黎巴斯银行等相继开展了此项业务。

电话银行业务是伴随着“家庭理财”的观念发展起来的。在美国，西雅图第一国民银行（Seattle First National Bank）最早推出电话账单支付（Telephone Bill Payment，简称TBP）服务，但很快就关闭了。1977年，各商业银行开始向零售商提供TBP服务，但发展一直缓慢。直到1982年，美国有400多家金融机构提供 TBP 服务，同时，中国香港的 TBP 服务得到了快速发展，香港各大银行，如中银集团、汇丰银行、渣打银行（Standard Chartered）、东亚银行等几十家银行，在短期内推出了电话银行服务或电话理财服务。电话银行的服务覆盖了几乎所有网点能提供的服务。1992 年，我国内地开通了第一个电话银行系统，可以为客户提供查询、指定账户转账、缴费等业务。但是真正意义上的现代电话银行客户服务中心建于 1999 年，其标志就是 1999 年中国工商银行上海市分行、中国建设银行北京市分行、中国建设银行广州市分行、招商银行电话银行中心等中国第一批银行客户服务中心的建立。

电话银行和自助终端有本质的不同。就自助终端来说，是希望打破提供服务的方式，尤其是物理性的限制，而电话银行除了查询和转账功能类似于自助终端之外，“理财”产品的推销等实际上只是银行作为服务媒介的转移，它并不能打破银行服务的限制，例如银行职员很难在下班之后仍然用电话银行推销产品。但是电话银行最大的好处在于，第一次给予银行提供服务的主动性。因为传统意义上银行获客的渠道还是受限于地理位置，并且就算客户已经开立银行卡之后，理财产品的销售也很难有很大突破，电话银行为这种产品推销提供了途径。毫无疑问，这种推销方式势必会遭到消费者的抵制，而对银行来说效率自然低下。

从银行服务提供的角度来看，电话银行对于消费者而言益处不大，个人最常用的功能可能就是查询、银行卡挂失，而银行虽然可以深入消费者之中，但是由于电话银行的随机性，很难直接找到潜在客户，无法解决人们最基本的支付、转账等功能。

银行3.0：基于互联网的银行服务

20世纪最重要的发明之一互联网，它不仅可以使我们每个人通过电脑快速处理个人事务，最重要的是，它创造了一个虚拟世界，成为人们生活中必不可少的工具。

对于银行而言，无论是ATM还是POS，都需要额外成本，例如购置ATM或者POS，只是谁最终付费而已。就算是电话银行也需要销售人员，并且销售量和人员配比密切相关，很难产生规模效应。但是基于互联网的银行服务则不需要，因为其媒介是消费者日常使用的电脑或者手机，这意味着交易成本近乎为零。最重要的是，基于互联网的银行服务可以摆脱物理网点的束缚，或者支付实物的束缚，第一次把银行服务抽象出来。人们联想到银行服务就想到银行的时代彻底翻篇儿。

基于个人电脑的银行服务

计算机的发展有两个脉络，一个是计算机本身，另外一个是互联网技术。在20世纪90年代，互联网技术成熟并且逐渐普及，消费者通过个人电脑终端可以足不出户就享受到相应的银行服务。但是，需要指出的是，银行并没有获得提供和销售服务的主动权，因为消费者虽然可以通过互联网办理银行的相应的业务，但是他们是否会点击相应的广告或者推送，主动权在消费者，而不是银行，并且银行很难得到反馈，也很难得到消费者的使用习惯等关键数据。从这个角度来看，互联网技术和电话一样，并不利于银行服务的提供，尽管在银行自己的网站上投放广告的成本低于户外广告。

对银行来说，虽然电话银行不需要银行在客户端投入专门的设备，但是银行对电话银行业务的投入并没有减少，难以产生规模效应，因此电话银行边际成本并没有显著降低。与电话银行不同，基于个人电脑终端的业务，银行不仅不再需要在客户端投入专门的设备，而且个人电脑终端使银行的网站等后台 IT（信息技术）投入可以实现规模效应，并且银行不用担心终端落后产生的种种问题。电话银行的业务被逐渐转到互联网为基础的银行服务上。人们终于可以在任何时间处理一些常见的银行服务需求，例如查账、转账、支付等。

电子商务的发展促进了网上银行的使用，网上银行的便捷支付也促进了电子商务的发展。然而，对于银行来说，支付服务并没有因为网络的发展而不断拓展。相反，在这一次的机遇中，第三方支付公司才是最大的受益者，显然它们也是电子商务发展的重要推动者。等到银行想要迎头赶上的时候，已经是很多年以后的事情了。

基于智能手机终端的银行服务

苹果手机的出现是划时代的事件。此时的网络速度已经可以支持手机快速浏览网页，同时各国 4G 网络正在建设或者已经建成，对智能手机终端设备的支持越来越强，并且智能手机价格下降非常迅速，普通民众完全可以负担手机以及网络服务成本。

虽然个人可以使用电脑通过互联网自助完成所需的银行服务，但是使用个人电脑处理事务终究没有直接使用智能手机方便。手机银行的发展必然是银行优先战略。巴黎银行于2013年在法国、德国、荷兰、比利时四国建立了法国巴黎银行控股的在线银行——Hello Bank，这是全球第一家完全通过移动端渠道运营的银行，以移动客户端作为服务客户的唯一渠道，电脑端仅用来推广品牌而不提供任何金融服务。

在智能手机时代，第三方支付公司以及早期的金融科技公司再次超过银行对于风口的把握，提供了更多原本属于银行提供的服务，例如消费贷款、便捷支付、转账、基于物联网（Internet of Thing，简称IoT）的智能手机卡等。而此时的银行更多是为第三方支付公司提供便利，例如盟友银行（Ally Bank，美国的一家直销银行）允许用户通过手机拍照的方式实现传统支票的存汇。

当然，各家银行也在不断向基于智能手机的网上银行转型，无论是产品、营销、风控都在不断进步。一方面推出各种手机应用程序，另一方面通过社交媒体成为银行服务的最终提供者。

2018年手机银行用户比例首次超过网上银行，手机成为用户使用电子银行渠道的首选。无论是网上银行、手机银行抑或电话银行，银行始终未摆脱渠道或手段的定位限制，交易型电子银行已经制约了银行在业务创新等方面的步伐。事实上，银行希望把电子银行业务体系从简单的交易渠道打造成融合交易、营销、服务的平台，这是银行首次希望业务层面实现平台化发展。

互联网银行

互联网银行可以说是基于互联网提供银行服务的极致。互联网银行不设实体网点、完全独立运作的模式，使得其走出了一条与传统银行所不同的特色化道路。由于互联网银行没有线下网点，使银行和银行实体实现了分离，银行不再是高楼大厦，或者位于社区的网点，而成为去钢筋水泥化的银行，看不见却实实在在。世界上第一家互联网银行——美国第一安全网络银行（Security First Network Bank，简称 SFNB）诞生于 1995 年 10 月 18 日，完全在互联网上提供银行非现金服务。不过由于诞生得太早，它的发展并没有人们预料的那么迅速。中国的互联网银行微众银行和网商银行均在 2015 年 6 月获得原中国银监会批准筹建。

与互联网银行并行的是虚拟银行。中国香港金融管理局在修订后的《虚拟银行的认可》中，把它定义为主要通过互联网或其他形式的电子渠道而非实体分行提供零售银行服务的银行。2019 年 3 月 27 日，中国香港金融管理局发出首批 3 张虚拟银行牌照，4 月 10 日，发出第四张，Livi VB Limited、SC Digital Solutions Limited、众安在线虚拟金融公司和 Welab Digital Limited（WDL）成为首批持牌的四家公司。中国香港金融管理局对于虚拟银行的定位是：第一，提供新型的客户体验，找到新的突破点抢占传统银行的固有零售市场，例如利用大数据计量风险和快速审批的借贷；第二，成为助力其他金融业务发展的工具，例如作为在线支付服务和在线理财服务背后的融资结算平台；第三，促进普惠金融。

互联网银行和虚拟银行虽然略有不同，但是其优势较为一致。一是 KYC（了解你的客户）再也不需要客户到现场进行开户，而是通过在线完成，网点第一次不再是银行经营的必需要素。银行因此得以节约大量的租金和人力成本。二是银行服务可以进一步覆盖过去没有覆盖到的人群。由于银行网点的成本过高，早期银行网点没有覆盖到偏远的地区，而之前 KYC 又必须要求客户现场开户，因此许多人无法拥有银行服务。互联网银行和虚拟银行由于边际成本极低，只要有互联网服务和智能手机的消费者都可以成为银行的客户。三是大数据的应用使贷款流程更加快速，并且坏账率明显降低。2018 年，微众银行的贷款不良率为 0.5%，网商银行的贷款不良率为 1.3%，远低于 2018 年年末商业银行整体小微企业的贷款不良率 1.89%。

互联网银行终于让人们看到，银行不一定要有高楼大厦作为支撑，完全可以去钢筋水泥化摆脱物理实体的束缚而提供服务。

银行 4.0：银行即服务

开放银行

随着银行服务“脱实体化”进程的推进，一方面，互联网银行的出现使人们意识到脱离实体网点的银行依然提供银行服务；另一方面，金融科技公司凭借先进的技术和用户优势，以小额高频的支付业务为切入点，通过为客户提供理财、小额贷款等一揽子金融解决方案，不断扩大市场份额。

银行业当下面临的最大的挑战不是来自同业而是其他竞争者，尤其是金融科技公司的发展对银行构成巨大威胁。当前的标准普尔500指数成分股，未来15年以后可能有75%会被今天貌不惊人的小企业取代，一个大企业不是被另一个大企业打倒，而是被新兴企业颠覆、替代。普华永道发布的《2017全球金融科技报告》显示，预计未来3~5年，新兴金融科技公司将抢走大型金融机构24%的收入。在此背景下，商业银行的应对措施除了加强自身在金融科技方面的投入外，还应该开启与金融科技公司的全面合作模式，以寻求合作共赢。而我们将在本书第二章所提到的开放银行，正是要求银行以开放的心态，在技术上通过开放银行的API（Application Programming Interface，应用程序编程接口）等接口，共同构建一个共赢的生态圈，在这个生态圈内，银行不必拘泥于网点的服务方式，而是以一种更隐蔽的姿态，实现银行服务的输出共享。

银行即服务

基于开放API，银行更希望把自己作为集成平台，“银行即服务”（Bank-as-a-Service，简称BaaS）或者“银行即平台”（Bank-as-a-Platform，简称BaaP）。这和数字经济时代一般创新的特征是相符的，因为只有作为一个平台，才能使自己立于不败之地，只有让自己成为背景才能够始终存在，不然也可能就是平台上来去匆匆的各种应用，随时存在被替代的风险。

从银行进入互联网时代开始，银行服务被冲击得七零八落，各种非银行金融机构、金融科技公司都在不断进入原本属于银行才可以提供服务的领地，并且采用最新技术把原本银行提供的服务做得更好。而原先的银行客户发现自己似乎可以脱离银行而享受银行服务，银行的存在感则渐行渐远。

英国开放银行强制银行开放银行数据，只要客户许可的第三方都可以访问其银行数据，并且基于此提供相应的服务，银行的存在似乎更加没有必要。然而，从银行的角度来看，这恰是未来银行的一个重要转型方向。银行不以实体的方式存在，而成为一个抽象的概念，银行服务的提供不再以人们能够看得到的银行网点的形式提供，在运营思维上，从以产品为中心转向以客户为中心，通过场景布局与生态体系建设，坚持“客户的需求在哪里，银行的服务就在哪里”这一原则，把银行服务隐藏到人们的生活场景之中，或许才是银行的终极追求。这样的话，放弃银行的物理存在但不等于放弃银行服务的本质，银行的地位反而是最稳固的。

银行的“自我”还是“本我”？

在思考银行如何抓住生存发展的命脉问题时，《银行 4.0》

一书作者布莱特·金（Brett King）指出，未来银行的发展思维也可以融入“第一性原理”。“第一性原理”是由美国太空探索技术公司（SpaceX）创始人埃隆·马斯克（Elon Musk）提出的，核心理念是，要开展真正的革命性工作，需要解除思想上的桎梏，放弃“类比思维”，不再从已有的基础或者“模版”着手，而是直接回归问题的本源和设计的实质进行设计推理。正是基于这样的思想，美国太空探索技术公司才得以设计出入轨成本低于美国国家航空航天局（NASA）运力最强的火箭90%的世界最大推力的运载火箭，成为全球航天领域进步最快的势力。将第一性原理应用于银行业务，则需要我们回归银行服务的本质，即回归银行的“本我”。

从客户角度看，银行服务的基本功能有三种：一是能够安全地存储货币（包括纸币和黄金）；二是能够安全地转移所有的货币（包括支付和异地存取）；三是能够获得必要的信用额度。而对于中小企业（SME）来说，银行的基本功能也包括三种：一是能够进行业务的结算；二是能够支付员工工资以及供应商货款；三是能够取得必要的贷款（用于资本投入或者原材料预付款等）。

从提供上述银行服务的角度来看，第一性原理告诉我们，银行只需要有这些服务即可，并没有规定提供服务的地点、时间和方式（或者称为工具）。然而，在技术不足的银行1.0阶段，提供这些服务只能受限于银行所在地址和银行的服务时间，并且只能采用笔录的方式提供服务，但是我们需要清醒地意识到，不能把这样的银行看作银行应有的原型。

在银行2.0时代，自助银行设备（例如ATM）的出现打破了银行服务的时间限制，并且部分打破了空间限制，因为布置ATM设备的成本远远小于开一家营业网点，并且ATM可以布置到银行网点无法开设的区域。因此通过ATM设备，可以使银行为个人提供的服务超越地理限制，在最需要的地方（商场）得到服务。

银行3.0时代又有了巨大的跨越，随着互联网的普及，银行服务的载体不再限于银行本身，任何有互联网或者手机信号的地方，电脑、手机等电子设备都能够成为获得银行服务的终端。例如2017年肯尼亚最大电信运营商Safaricom推出的手机支付产品M-Pesa，到2008年，经过一年的时间拥有M-Pesa账户的人数已经超过拥有银行账户的人数，而肯尼亚商业银行成立124年才拥有200万客户。目前M-Pesa总的服务人数超过2 200万人，大约是肯尼亚全国人口5 000万人的一半。而其普及的原因不过是在移动技术没有普及之前，银行服务无法通过网点渗透到大众生活中去，同时治安环境使得人们对于安全转移货币的需求没有得到满足，技术可行之后，第三方（电信公司）抓住时机直接提供银行不能及时提供的服务。

第三方支付的发展首次打破了银行对银行客户数据的封锁和垄断。在中国，支付宝通过担保交易使得国内的电商市场迅速发展，虽然它最初并没有想打破银行对支付业务的垄断，不过结果却是在2017年已经有超过7.5亿人使用其处理支付交易。目前支付宝和微信支付已经占有中国92%的交易量，部分取代了银行对个人的基本服务，即存储货币、转账支付和小额信贷。

由于银行本身的割据，即使是现在的银行4.0时代初期，银行本身和第三方机构都无法获得客户全部的金融数据，也无法渗入消费者的所有生活场景为其提供服务。目前的银行服务确实可以理论上无处不在，例如人们可以通过各家银行的App（应用程序）得到相应的资讯，在各种场景使用第三方支付付款，以及通过互联网银行直接申请信用贷款，但是消费者却无法直接知道自己不同银行账户以及第三方支付账户里面的所有存款以及负债情况。消费者需要的是完整的银行服务，而不是割裂的银行服务，银行数据的割裂成为消费者获得完整银行服务的障碍。

银行自然不会轻易放弃对客户金融数据的天然垄断权力，甚至会通过自身的影响试图打破技术进步带来的冲击。肯尼亚媒体2008年12月报道称，当时肯尼亚财政部所发起的调查其实就是肯尼亚主要银行施加的压力。2014年，中国央行叫停二维码支付，并且出台《支付机构网络支付业务管理办法》《手机支付业务发展指导意见》草案，内容包括个人支付账户转账单笔不超过1 000元，年累计不能超过1万元；个人单笔消费不得超过5 000元，月累计不能超过1万元等。然而，数据显示，2018年中国移动支付202.93万亿元人民币，无现金社会几乎在东部很多省份实现。孟加拉国央行2017年2月调降每日能够转入移动金融服务提供商（Mobile Financial Service Provider，简称MFS）的额度，从25 000塔卡下调至15 000塔卡，转出金额从25 000塔卡下调至 10 000 塔卡。而民众则通过申请多张 SIM 卡规避每日限额，平均持卡数量从 10 张变为 15～20 张。

在银行服务被“银行实体”所束缚的时期，美国于 2014 年成立的金融科技初创公司 Affirm 依据购买行为模式、交易所在地以及消费行为为用户提供分期付款的信用额度，中国的支付宝的余额宝提供货币基金理财服务，这一切都说明“银行服务”从来没有停止过，但是这些服务却不是由银行提供的。

无论消费者还是中小企业，需要的都是基本的银行服务，而不是银行本身。在“银行服务”被垄断的年代，金融抑制现象明显，大量人群无法享受金融服务，民间借贷等银行服务的出现就是金融需求无法得到满足的替代结果。互联网以及智能手机的出现，打破了银行服务的时间和空间限制，使银行服务理论上可以在任何网络可及的地方实现，而其边际成本远远小于通过设立银行网点才能得到银行服务的成本，自然会使得人们对于银行服务的需求更容易出现供给方，但是这些供给方并不一定是银行。

第二章

开放银行：银行成为平台

开放银行：概念、架构与冲击

开放银行的提出与驱动因素

开放银行来自“顶层设计”

开放银行由英文 Open Banking 翻译而来，由英国提出，起源和推广是英国和欧盟关于银行业的数据共享和开放数据的探索，是一种利用开放 API 技术，让提供商访问客户财务信息的安全方式。一方面，可以让客户更详细地了解自己的账户；另一方面，客户可以通过第三方提供商享受更好的金融服务。

2013 年，英国竞争与市场管理局（Competition and Markets Authority，简称 CMA）启动了面向个人和中小企业的银行服务情况市场调查，并于 2016 年公布了调查结果：银行用户黏性较强使得传统的、大型的银行竞争不充分，以及新兴的、小型的银行发展举步维艰，消费者并未从新服务中获益。为了确保用户享受到技术进步的好处，并使小机构能够公平参与竞争，英国竞争与市场管理局采取了以开放银行为核心的一揽子措施，并最终形成了《2017 年零售银行市场调查令》（Retail Banking Market Investigation Order 2017，以下简称《调查令》)。根据《调查令》条款，英国竞争与市场管理局创建由英国 9 家最大的个人和中小企业活期账户提供方（CMA9)[①] 构成的开放银行实施机构（Open Banking Implementation Entity，简称 OBIE)，旨在制定和交付《调查令》中详述的开放和通用 API 标准，并负责实施和维护这些标准。2016 年，开放银行实施机构正式对外发布了《开放银行标准》(以下简称《标准》)。

英国的行动事实上是在配合欧盟的相关协议。2015 年年末欧盟通过了 PSD2，要求欧洲银行把支付服务和相关客户数据开放给客户授信的第三方提供商，并要求成员国在 2018 年 1 月 13 日将其落实在各国法律中正式实施。2019 年 9 月，所有欧盟境内的公司都需要遵守该指令。PSD2 是基于 2007 年施行的《支付服务指令》（Payment Services Directive，简称 PSD）修订而来，主要做了以下三个方面的修订：一是将金融科技公司和支付巨头等新的市场参与者纳入游戏规则，鼓励用户使用第三方提供商(Third Party Providers，简称 TPP）提供的支付产品去管理个人或企业财务状况，并重新修订他们享有的权利和义务，禁止将付款成本转嫁给消费者。二是扩大了业务的地理范围，新指令不仅适

① 这 9 家银行分别是：汇丰银行（HSBC Group)、巴克莱银行（Barclays Bank)、苏格兰皇家银行（The Royal Bank of Scotland Group)、桑坦德银行（Santander UK)、爱尔兰银行（Bank of Ireland)、爱尔兰联合银行集团（AIB Group UK)、丹麦丹斯克银行（Danske Bank)、劳埃德银行集团（Lloyds Banking Group）和全英房屋抵押贷款协会（Nationwide Building Society)。

用于双方支付服务提供商在欧盟境内的情况，也适用于只有一方支付服务提供商在欧盟境内的情况。三是增加了支付、账户访问、数据获取的安全性要求，更好地保护了消费者权益和数据安全。

PSD2 要求在网上银行服务、发起和处理电子支付方面实施强客户认证（Strong Customer Authentication，简称 SCA）程序。加强客户身份验证意味着使用以下两个或多个元素对交易进行身份验证：第一个元素是私密信息，即只有用户知道的内容（如密码、个人识别码、身份证号码）；第二个元素是所有权，即只有用户拥有的东西（如移动设备、通证、智能卡）；第三个元素是独特性，即只有用户才拥有的东西（如指纹、人脸或语音识别）。在远程支付的情况下，PSD2 还需要创建一个动态链接，这是一个附加的身份验证元素，包括交易金额和收款人账户。详见图 2. 1。应 PSD2 的规定，欧洲银行管理局（European Banking Authority，简称 EBA）于 2017 年 2 月发布了《关于强客户认证的监管技术标准草案》（Draft Regulatory Technical Standards on Strong Customer Authentication），正式文件将于 2019 年年底生效。

那么开放银行和 PSD2 之间是什么关系呢？简单来说，开放银行是英国版的 PSD2。PSD2 仅要求银行开放数据，并没有规定 API 的接口标准和开放数据的内容，这项工作实际上由柏林集团（Berlin Group）完成，它是为了纯粹技术标准而建立的组织，主要工作是制定独立的银行间开放和共享标准。英国的开放银行则细化了操作规则，并且提出了相应的标准。详见表 2. 1。

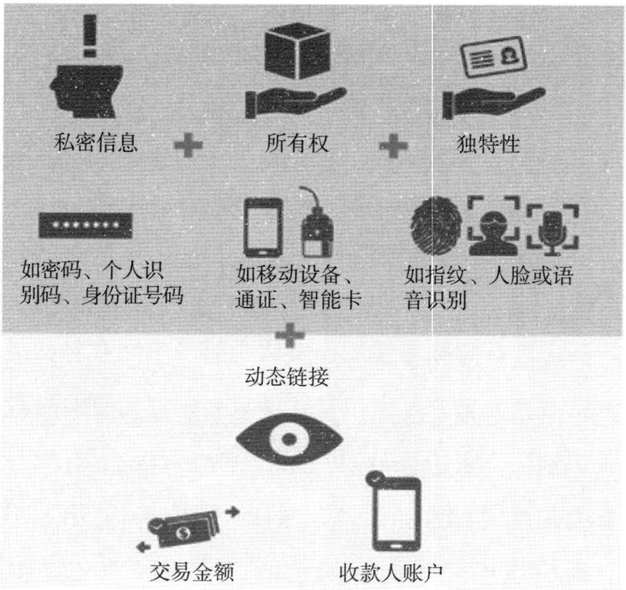

图 2.1　强客户身份验证元素

资料来源：PSD2-Double down on security with 2-factor authentication，https：//www.gemalto.com/financial/ebanking/psd2/strong-customer-authentication

英国开放银行提出之后，非欧盟国家的银行也开始纷纷自发行动，积极构建自己的开放银行。而相应的监管机构通过各种方式积极推动开放银行的发展。新加坡金融管理局（Monetary Authority of Singapore，简称 MAS）专门成立了包含六大类金融数据 API 注册中心，其中花旗银行、新加坡华侨银行（Oversea-Chinese Banking Corporation，简称 OCBC）和渣打银行是该中心 3 家主要的数据共享银行。韩国在 2016 年 8 月成立了由韩国金融电信清算机构和韩国证券信息公司（Koscom，韩国大型金融 IT 公司），共同管理开放 API 数据平台，对包括金融科技公司在内的第三方机构开放，共同推动金融数据共享。澳大利亚财政部也于 2017 年 8 月发布《澳大利亚开放银行评论》（Review into Open Banking in Australia），明确提出了金融数据共享的发展战略。

表 2.1　开放银行和 PSD2 时间表比较

开放银行		PSD2	
时间节点	事项	时间节点	事项
2017 年 3 月	公开数据的 V1 API 标准发布	2015 年 11 月	欧洲联盟理事会对 PSD2 的最终批准
2017 年 7 月	第一版本可读或可写 API 标准发布	2016 年 8 ~ 10 月	欧洲银行管理局就《关于强客户认证的监管技术标准》向业界征求意见
2017 年 8 月	公开数据的 V2 API 标准发布	2017 年 2 月	欧洲银行管理局发布《关于强客户认证的监管技术标准草案》
2017 年 10 月	开始开放银行名录申请	2018 年 1 月	欧盟指令转变为国家法律的最终期限；支柱 1（透明义务，扩大范围）生效
2018 年 1 月	开放银行上线：获授权人士可查阅个人及商业往来账户	2018 年一季度	欧盟计划在其官方刊物上正式发布《关于强客户认证的监管技术标准》
2018 年三季度	通过 API 提供服务质量指标	2019 年三季度	在欧盟或者欧洲经济体内施行的最终期限；支柱 2（安全）和支柱 3（账户访问）生效；欧盟 PSD2 生效 18 个月后，《关于强客户认证的监管技术标准》生效

开放银行兴起的驱动因素

国外银行业开源数据的进程目前处于初期阶段，监管的推进、数据价值的崛起和战略的主动选择，是开放银行的主要驱动因素。

从英国、澳大利亚等国的实践来看，银行数据开放的最初动因是顶层设计，对银行而言，开放银行已经成为无法绕开的事实。而且，银行是金融的核心，银行数据的开放面临诸多挑战，一旦出现风险，将对一国经济造成灾难性影响，因此开放银行离不开制度的规范和约束。英国和欧盟的开放银行制度探索走在了世界前列，同时，澳大利亚、新加坡、日本以及韩国等也借鉴英国与欧盟经验，制度先行，积极推动开放银行监管政策的制定。相比较而言，虽然开放银行在中国也掀起了开放银行浪潮，却是实践先于制度，在监管方面尚无相关规则与标准的落地。

随着移动互联网的快速发展，智能手机、平板电脑以及其他数字设备在世界范围内应用越来越广泛，这些数字设备已经具备交通、支付等多种功能，数字化已经渗透到社会的方方面面。整个社会小到个体、大到公司，每一个层面都在发生巨大的变化，人类已经步入数字经济时代。数据上升到了越来越重要的位置，成为推动经济发展的关键生产要素。云计算、大数据、人工智能等新技术的逐步成熟和应用，促使行业寻求跨界合作，以数据的深度挖掘和融合应用，也成为行业持续发展的保障。

银行拥有海量的、丰富的、高质量的数据资源以及可信的客户关系，虽然大都处于分散和割裂的状态，但这些资源背后蕴藏着巨大的行业价值。银行往往将这些数据流的开放视为威胁，而非机遇，并不轻易对外公开。虽然对银行来说这是对自身业务暂时的保护，但这种数据封闭的代价是银行失去利用共享数据和金融科技公司的创新技术的机会，从而很难为客户提供更加多元的产品和服务。① 在客户对金融服务要求越来越高、科技界巨头跨界竞争越来越激烈、社会和监管对开放数据的呼声越来越强烈的大潮下，银行数据开放是不可避免的趋势。

2008 年至 2018 年，数字经济为非银行金融科技公司的发展创造了机会，它们极大提高了金融服务的效率、改善了客户的服务体验、降低了金融服务成本，以极快的增长速度改变了金融服务的提供方式。它们利用互联网、移动技术以及大数据等新技术将逐步切入传统银行的产品链，将银行服务分解成一个个垂直的金融科技细分市场，提供支付、在线借贷和财富管理等服务，以极致的客户体验分流了大量银行客群。金融科技公司不仅挑战银行业的方方面面，更是直接向消费者提供更好的银行服务，它们也在努力创建新的基础设施和建立新的金融服务生态系统。金融科技提高了客户与银行数字化互动的期望值，为个性化金融产品提高了标准，银行由于对创新和客户体验的重视程度相对较低，使客户在服务质量、产品种类和服务的可获得性方面遇到了问题。这种变化给银行的获客能力、盈利模式带来了极大冲击。银行不得不重新审视自身的整体发展战略。

① 蔡凯龙．原子智库．金融数据共享系列一：Open Banking 引发全球金融变革

数字化进程同时对客户习惯和客户行为带来了三项重要的改变：第一，客户对于产品和服务的即时性和便捷性要求越来越高；第二，有关客户的行为信息和与用户的触达点都从线下转移到了线上；第三，用户转换服务提供商的门槛越来越低，用户的忠诚度极大地取决于产品和服务是否满足其需求。这些改变象征着无边界时代的到来，针对一群有共同属性的客户，产品与服务的提供者需要将客户体验放到首位，深入挖掘其需求，打破行业边界提供服务和产品。银行作为市场主体，未来的方向就是无边界的银行服务，因此很多银行积极投身开放银行的实践。

开放银行的设计与架构

2016 年 3 月，开放银行实施机构正式对外发布了《标准》，《标准》在结合英国银行实际情况的基础上，充分考虑了欧盟 PSD2 和《通用数据保护条例》（General Data Protection Regulation，简称 GDPR，以下简称《保护条例》）的要求，明确定义了数据标准、API 标准、安全标准和治理标准。此外，英国还明确了开放银行的实施机构、标准执行机构，并设置审查、争端解决等机制。英国开放银行体系是目前国际上相对比较健全和完整的，能够保证开放银行生态系统有效、规范运转的制度体系。

开放银行开放什么？

英国《调查令》授权的开放和通用银行标准，允许开放三部分数据和信息：第一部分是通过开放数据 API 发布参考信息，包括银行所有分支机构的位置、所有分支机构开放时间、所有 ATM 地点信息；第二部分是通过开放数据 API 发布特定产品信息，包括产品价格、所有费用（包括利息）、特点和优点、条款和条件以及客户资格；第三部分是通过可读或可写 API 发布个人活期账户和企业活期账户交易信息，以允许第三方提供商应客户要求访问账户信息或从客户账户付款。英国于 2017 年年底前完成如服务价格及条款、支行网点信息等低敏感数据的开放，2018 年实施个人现金支付账户数据的开放，预计 2019 年完成企业现金账户及中小企业贷款账户数据的开放。这些信息与数据只能面向开放银行实施机构制定的开放银行目录（Open Banking Directory）上第三方提供商开放。

开放银行由谁执行?

开放银行实施机构是《标准》的执行和监管人，负责：《标准》中 API 标准和相关文件规定格式的制定；有关如何管理规定格式变更和发布管理；所有指定格式的用户的支持结构和流程，包括目录及其组成部分的设定和操作；开放银行特定类别参与者的任何适用条款和条件（Terms and Conditions）；开放银行生态系统参与者的任何适用指导方针（Guidelines）和其他文件。开放银行生态系统覆盖了促进开放银行运行、用于支持参与者的一切要素，包括 API 标准、治理、系统、流程、安全和步骤等。

开放银行实施机构制定和执行开放银行目录。根据《调查令》要求，该目录提供了能够在开放银行生态系统中运营的参与者“白名单”，此“白名单”明确了哪些第三方提供商能够去申请调用开放信息与数据的 API。开放银行实施机构负责使开放银行生态系统按照相关法律法规使用标准运行，并为使用开放银行标准的参与者创建安全机制和治理结构。

开放银行生态系统也受到英国和欧洲法规的监管，包括 PSD2、《保护条例》、《关于强客户认证的监管技术标准草案》以及《支付服务条例》（Payment Services Regulations，简称 PSR）。

开放银行生态系统

开放银行生态系统的参与者

开放银行生态系统的参与者主要包括由账户支付服务提供商（Account Servicing Payment Service Providers，简称 ASPSP）组成的可读或可写数据参与者（Read Write Data Participants）和第三方提供商。账户支付服务提供商是被《支付服务条例》定义的，为消费者提供和维护付款账户的支付服务提供商，在开放银行生态系统中是发布可读或可写 API 的实体，在客户同意的情况下，允许由第三方提供商发起的支付服务，或者使其客户的账户交易数据通过其 API 提供给第三方提供商。

账户支付服务提供商又分为强制性账户支付服务提供商（Mandatory ASPSP）和自愿账户支付服务提供商（Voluntary ASP-

SP)。强制性账户支付服务提供商是根据英国竞争与市场管理局要求在开放银行实施机构注册的实体。汇丰银行、巴克莱银行、苏格兰皇家银行、桑坦德银行、爱尔兰银行、爱尔兰联合银行、丹麦丹斯克银行、劳埃德银行和英国国民银行为英国竞争与市场管理局命令下的强制性账户支付服务提供商。

自愿账户支付服务提供商是那些虽然没有义务加入开放银行实施机构，但为了利用这些标准来开发自己的 API、使用相关的业务支持服务而选择注册到开放银行目录的实体。

第三方提供商是使用标准开发的 API 访问客户账户，以提供账户信息服务或发起支付的组织。第三方提供商包括支付发起服务提供商（Payment Initiation Service Providers，简称 PISP）和账户信息服务提供商（Account Information Service Providers，简称 AISP）。支付发起服务提供商是《支付服务条例》定义下，以开放银行业为目的，作为一个提供支付发起服务的付款服务提供者，支付发起服务意味着支付服务用户（Payment Service User，简称 PSU）要求向另外一个支付服务提供商控制的付款账户发起付款的在线服务。账户信息服务提供商是《支付服务条例》定义下，以开放银行业为目的，作为一个提供账户信息服务的付款服务提供者，账户信息服务意味着提供关于一个或者多个支付服务用户与其他一个或者多个支付服务提供商共同持有的支付账户统一信息的在线服务。服务包含将原始信息或者处理后的信息，提供给支付服务用户或者根据支付服务用户的指示提供给其他人。

开放银行目录

开放银行目录是开放银行关键的体系结构组件，它允许参与者注册到开放银行实施机构，并通过 API 参与支付发起和账户信息交易。目录的核心是身份和访问管理服务，提供支持自然人、实体和软件身份类的身份信息。

开放银行目录提供了必要的功能，可为账户支付服务提供商提供可访问 API 的目录参与者，使经其主管机关授权或登记的参加者识别，并便于他们与账户支付服务提供商合作，以便其能够使用账户支付服务提供商提供的 API。具体来说，开放银行目录具有以下功能：第一是管理身份和访问的功能，为与开放银行目录交互的实体和自然人发布和管理身份记录。第二是管理证书的功能，可颁发、管理和吊销数字证书。第三是管理目录信息的功能，可通过 API 或 Web 应用程序提供的用户界面更新和查找目录中维护的信息。

参与者的 API 安全规则

所有开放银行参与者必须执行开放银行安全标准，该标准定义并阐释了如何使用多层方法保护可读或可写 API。OAuth 2.0 授权框架和开放认证链接（OpenID Connect）身份验证在互认证传输层安全性（Mutually Authenticated Transport Layer Security，简称 MATLS）之上，以提供强大和安全的开放银行安全配置文件（Security Profile）体系。安全配置文件还使用开放认证基金会金融 API（FAPI）可读或可写 API 安全配置文件。关于强客户认证的监管技术标准将于 2019 年年底生效。

OAuth（开放授权）是一个开放标准，允许用户授权第三方访问该用户在某一网站上存储的私密资源（如照片、视频、联系人列表），与以往的授权方式不同之处是，OAuth 的授权不会使第三方触及用户的账号信息（如用户名与密码），即第三方无须使用用户的用户名与密码就可以申请获得该用户资源的授权，因此 OAuth 是相对安全的。目前，OAuth 已经成为公认的认证和授权标准。

OAuth 对用户非常友好，易于用户操作。如果用户想要授权第三方从银行获取自己的数据，只需在阅读完相应条款后，点击授权按钮即可。随后，银行将用户的数据与第三方进行交换，无须用户自己上传或下载数据；OAuth 不涉及分享敏感的信息登录细节或密码类信息。在这个信息交换过程中，第三方不会获得用户的隐私信息，这大大降低了用户隐私泄露的风险；用户可以完全决定授权的内容、范围等，拥有完全的自主权，同时也可以决定撤回这一授权；OAuth 的开源性决定了它可以在保证安全的情况下被低成本地广泛应用，有极强的规模化应用能力。

开放银行实施机构倡议通过以下几个方法提高开放银行参与者的安全性能：

（1）实施信息安全管理系统（Information Security Management System，简称 ISMS）是控制组织内部信息安全风险的关键。开放银行实施机构要求强制性账户支付服务提供商使用 ISO27001：2013 信息安全管理系统，自愿账户支付服务提供商和第三方提供商实施与其组织规模、成熟度、提供的服务及服务方式相适应的信息安全框架。对于小型的参与方，开放银行实施机构推荐中小企业信息安全保障（Information Assurance for Small，Medium Enterprises，简称 IASME）标准。IASME 可以弥合信息安全管理系统与 ISO27001：2013 认证之间的差距。两个系统都采用基于风险的方法，并通过广泛的控制措施来管理信息安全风险。

（2）所有参与者都设置安全运营中心（Security Operations Centre，简称 SOC），用于监控和管理安全事件、威胁和警报。安全运营中心是指用于监控、评估和保护企业信息系统（网站、应用程序、数据服务器、网络、硬件、软件和其他端点）的专用设施，使用专业工具（包括安全事件和事件管理系统），使机构能够识别、调查和解决安全事件和警报。安全运营中心明确定义事件升级和响应过程（包括响应时间框架），全年 24 小时连续运行。

（3）确保所有参与者对数据和系统的访问都有明确的政策和规则界定，这些政策和规定包括但不限于如 API 网关中的节流（Throttling）、超时规则（Timeout Rules）和基于角色的访问（Role Based Access）等技术规则。英国国家网络安全中心（National Cyber Security Centre，简称 NCSC）和美国国家标准与技术协会（National Institute of Standards and Technology，简称 NIST）定期提供能够减少与数据访问有关风险的密码和技术控制的最新信息。所有参与者都要求定义一组清晰的数据处理策略和规则，以保护数据的机密性、完整性和可用性。

（4）无论参与者提供的服务是在内部托管还是外包给第三

方，所有参与者都应具备适当的基础设施来存储和管理开放银行安全凭证。这些凭证包括但不限于：身份密钥、签署密钥、OAuth 用户 ID 和密码、用户名和密码、访问令牌。当认证过程被分发或重定向到其他站点和应用程序时，应通过技术手段避免信息的泄露或者凭证被拦截。

（5）所有系统和基础设施都应定期地由具备资质认证的外部渗透测试（Penetration Testing）专家探测应用程序和网络中的漏洞，以此准确评估机构防御攻击的能力，获取真实安全威胁的详细信息，应用必要的安全补丁或分配安全资源进行相关的补救工作。

（6）所有参与者都要求实施网络安全战略，避免网络、硬件、应用程序和数据被窃取、破坏或攻击。网络安全战略的建议领域包括但不限于防火墙防御（Strong Firewall Defenses）、系统脆弱性和威胁治理（Vulnerability and Threat Management）、防病毒和恶意软件保护（Antivirus and Malware Protection）、拒绝服务（Denial of Service，简称 DoS）或分布式拒绝服务（Distributed Denial of Service，简称 DDoS）保护、补丁管理（Patch Management）、电子邮件过滤（Email Filtering）、网页过滤（Web Filtering）、行政特权（Administration Privileges）、访问控制（Access Control）、情报和信息共享（Intelligence and Information Sharing）。

行之有效的网络安全战略应将行业标准和最佳实践，与评估当前和未来的威胁流程相结合。强制性账户支付服务提供商可使用 ISO27032：2012 认证和 ISO27001：2013 认证，自愿账户支付服务提供商和第三方提供商可将网络基础设施（Cyber Essentials）和网络基础设施升级版（Cyber Essentials Plus）的评估框架作为其中小企业信息安全保障认证的一部分。

为能在安全、私密和动态的环境中进行网络威胁信息的实时交换，提高对网络威胁态势的感知力，英国政府和行业联合发起了由英国国家网络安全中心设立和运营的网络信息共享伙伴关系（Cyber Information Sharing Partnership，简称 CiSP）组织。该组织也是一个论坛，参与者可以分享其在 API 设计过程中遇到的影响系统运行的网络威胁，这种实时的分享将增加开放银行生态系统的强度和安全性。

（7）所有参与者都应将专业反欺诈操作纳入其信息安全战略框架。所有参与者需制定反欺诈战略，以识别、控制和缓解客户面临的欺诈威胁。所有参与者要设立一个专门的反欺诈部门，通过部门与开放银行实施机构、信息安全、网络安全和安全运营中心开展反欺诈合作。

开放银行实施机构与英国金融欺诈组织（Financial Fraud Action UK，简称 FFA UK）合作，为参与者开发了一个信息和情报共享平台。FFA UK 与监管机构和执法机构建立了联系，可提供现有成员分享的已知、企图和实际欺诈的情报信息。参与者可以加入 FFA UK，并利用它们在金融服务欺诈方面的专业知识和技能提升反欺诈能力。

虚假电子邮件是发起网络钓鱼和社会工程攻击（Social Engineering Attacks）的常见方式。基于域的消息认证、报告和合规性（Domain-based Message Authentication，Reporting & Conformance，简称 DMARC）组织为这一点提供了强有力的缓解措施，并为版权检测和实施提供了机制保障。

2014 年 12 月 19 日，欧洲银行管理局发布了关于互联网支付安全的最终指导方针，鉴于互联网支付欺诈的程度（以及潜在的欺诈），所有参与者都应全权负责并遵守适用于其服务的相关欧洲银行管理局指南。开放银行实施机构还设立反欺诈战略小组，从反欺诈的角度评估开放银行产品和服务中的潜在欺诈，该小组还促使参与者完善和调整反欺诈模型以应对新出现的威胁。

可读或可写 API 标准

可读或可写 API 使第三方提供商能够在客户同意的情况下获取个人和企业经常账户信息和交易历史，或可以从这些账户发起付款。期望获取可读或可写数据的实体需要遵循注册流程，成为合格的开放银行参与者后方能在开方银行系统中运营。

（1）注册开放银行实施机构。

在注册过程中，各实体需要提供四类信息：第一类是法律地位和实体详情，包括法人或自然人名称和注册地址；注册公司的注册国家、法定实体标识符（Legal Entity Identifier）或公司注册详情；其他类型的实体需提供法律地位和注册的详细信息。

第二类是指定访问目录用户的主要联系人，包括主要业务联系人和主要技术联系人。主要业务联系人是由实体指定的个人，也是业务联络的主要联系人，有权访问该目录，并能够指定其他目录业务用户，一般是实体内负责开放银行相关的系统运营和管理的高级职员。主要技术联系人是由实体指定的个人，也是技术支持方面的主要联系人，有权访问该目录，并能够指定其他目录技术用户，一般是实体内负责管理开放银行数字身份的高级职员。实体负责管理和维护用户对目录的访问，包括删除不受该实体授权的用户。

第三类是实体的监管状态证明。实体可在登记前向主管当局递交申请，只有获得主管当局对实体注册到开放银行实施机构的批准后，才可继续完成在开放银行实施机构的注册登记程序。主管当局的授权必须表明实体提供的服务符合《付款服务条例》或《电子货币条例》（Electronic Money Regulations）、《金融服务与市场法》（Financial Services and Markets Act）的相关规定，并且是根据《付款服务条例》或《电子货币条例》规定持有英国护照前往办理有关服务，或者根据《资本规定条例》（Capital Requirements Regulation）持有有关护照办理相关业务。

第四类是代实体办理注册的授权书，表明代办人所提供的信息是准确和完整的，并授权开放银行实施机构核实所提供信息的真实性。如果实体注册执行账户支付服务提供商角色，则表明该实体同意指定的条款和条件以及特定的参与条件。

提交申请材料后，开放银行实施机构将依照与民事法院要求级别相当的标准和流程，对实体、指定的主要联系人和提交表格的人员进行验证检查。成功完成验证后，新参与者的详细信息，包括指定的主要业务联系人和主要技术联系人信息，将被记录在目录中。

（2）启用身份记录和数字证书。

成功注册后，参与者需要输入技术细节并生成数字证书，作为在开放银行生态系统中运行的许可。第三方提供商也需要向账户支付服务提供商注册其应用程序，完成注册后第三方提供商才可访问账户支付服务提供商提供的 API 端口，这一程序为第三方提供商提供了为每个交易向账户支付服务提供商标识自身身份的能力。在提交的详细信息中，参与者将为业务和技术查询指定特定的联系方式，包括联系人姓名或角色描述、联系电话和电子邮件地址。

（3）后续服务提供。

开放银行生态系统支持多个不同的第三方提供商业务模型，即允许多个第三方提供商（可能包括技术服务提供商）共同工作，满足支付服务用户的付款需求和账户信息交易需求。对于支付服务用户来说，重要的是随时了解任何交易中的哪些参与者正在访问其账户，后续服务提供确保支付服务用户能够随时了解这些信息和交易链中的参与方，这些参与方包括受监管的第三方提供商，以及另外受监管或不受监管的第三方提供商，或从事支付启动或账户信息交易的技术服务提供商。

（4）注册后目录撤销和退出。

为了确保目录的完整性，开放银行实施机构享有将参与者从目录中的撤销的权利，参与者也享受自动退出的权利。如果参与者被撤销或自愿退出该目录，它们将不能在开放银行生态系统内运营、访问开放银行目录或使用开放银行实施机构的支持服务。

所有与参与者相关的现有技术证书和数字证书也会被吊销。

参与者在成功完成首次注册后，可随时按照退出流程退出目录，并指定一个拟定的生效日期。账户支付服务提供商需要至少提前60个工作日向开放银行实施机构发出退出目录的书面申请，在向开放银行实施机构发出退出申请后的5个工作日内，也需要向其登记的第三方提供商或账户支付服务提供商通知其退出意向。

收到退出申请后，开放银行服务台（Open Banking Service Desk）将向主要业务联系人和主要技术联系人的电子邮箱发送确认邮件。为了完成退出申请，开放银行实施机构将要求另一个主要业务联系人或主要技术联系人进行确认。一旦服务台收到支持退出申请的所有必要信息，目录将更新，并向主要业务联系人和主要技术联系人发送确认电子邮件，确认成功后即退出。开放银行实施机构将在开放银行网站上公布账户支付服务提供商退出的细节。对于第三方提供商的退出，开放银行实施机构将向账户支付服务提供商发送第三方提供商退出的通知邮件。

如果参与者在目录中担任角色的监管状态被主管当局撤销，那么参与者会立即从目录中被撤销，并且该撤销反映在其监管登记簿上。如果一个参与者在目录中担任多个角色，但不是所有角色都被相关主管当局撤销，那么根据监管登记，只有执行该特定角色的权限才会从目录中被撤销，所有其他有效的监管许可将被保留。

此外，如果来自欧洲经济区成员国的参与者通过护照进入英国，作为东道国主管当局的英国金融行为监管局（Financial Conduct Authority，简称FCA）对该参与者采取了提供账户信息或启动付款的预防措施，那么意味着参与者访问开放银行 API 的权限被临时取消。

第三方提供商资质撤销后，开放银行实施机构将向账户支付服务提供商发送通知邮件。过去注册到开放银行实施机构但现被撤销访问权限的参与者，需重新注册后才能参与到开放银行运行体系中。

测试

对所有参与者及其所提供的服务，开放银行实施机构都会进行严格的应用程序测试和安全测试。在完成注册程序后，开放银行实施机构将向主要联系人提供如何参与测试活动的详细信息。对测试工具的访问，并不意味着实体正式被录入进入开放银行目录，只有在完成测试并经过主管当局授权或批准后，才表示实体完成了完整的注册流程。

开放银行实施机构定义了多个测试阶段，这些测试由金融服务专家和金融技术专家共同开发。开放银行实施机构可以为各测试阶段提供适当的指导，并为每个阶段的测试范围、测试工具的使用和测试期间提出的查询提供支持。对第三方提供商来说，这些测试工具可以确保第三方提供商提供应用程序的安全和有效性。

维护目录的完整性

（1）更改参与者的注册资料。

从提交注册申请到完成注册，如有任何信息变更，参与者必须尽快向开放银行服务台提供变更的详细信息，此时，开放银行实施机构将会进行信息更新。注册完成后，参与者将有权使用自助服务设施查看并要求更新已填报的信息。

（2）管理目录上的个人数据。

参与者名册内所载的个人资料，将按照数据保护法律的规定处理。

（3）记录的保存。

如果参与者因任何原因从公开银行目录中被撤销或自动退出，按照相关要求，记录的保留期至少为从撤销或退出之日起6年，或法律要求的更长期限，法律或监管要求另有规定的除外。

投诉和纠纷的处置

（1）对开放银行实施机构的投诉。

账户支付服务提供商和第三方提供商都可以针对开放银行实施机构向开放银行服务台提出投诉，但是投诉应由主要业务联系人或主要技术联系人提出。如果投诉人不在，主要业务联系人或主要技术联系人可以指定另一个联系人提出投诉。开放银行服务台收到投诉后，应当在一个工作日内发送回执，做好投诉记录，并对投诉情况进行调查。调查结束后，服务台将提供投诉的答复。开放银行实施机构将与提出投诉的联系人就投诉进行联络，并就投诉的各个方面，包括开放银行投诉和争议解决程序中的任何相关步骤进行沟通。

任何对回复不满意的参与者都可以使用投诉和争议解决程序

升级其投诉，并且此程序适用于所有参与者以及任何注册失败的实体。这是一个强制性程序，一旦启动，每个步骤必须落实到位。投诉的处理结果对各方都没有约束力，缔约方在任何时候都可以自由寻求其他可行的解决方案。

与开放银行实施机构或投诉人就投诉和争议进行的所有沟通，应通过电子邮件发送至开放式银行服务台。如果收到来自注册不成功、被取消或暂停权限实体的投诉，开放银行实施机构项目管理小组（OBIE Programme Management Group）将会收到通知并介入调查。

（2）支付服务用户对第三方提供商或账户支付服务提供商的查询、投诉或争议。

当处理支付服务用户提出的查询、投诉或争议时，第三方提供商和账户支付服务提供商可使用争议管理系统（Dispute Management System，简称 DMS）和随附的最佳实践准则（Code of Best Practice）。这个机制的主要原则是：诚实守信，公平透明地与投诉人和被投诉人进行沟通和协调。该机制包括一套标准化投诉的表格和清晰的沟通流程，并支持争议和投诉的管理和查询。争议管理系统不会取代任何对组织施加的现有和新的监管或法律要求。

在必要的情况下，该准则还参考了备选争议解决方案（Alternative Dispute Resolution solutions，简称 ADR solutions）。符合条件的支付服务用户（个人或中小企业）的独立调解员可以是金融监督服务（Financial Ombudsman Service，简称 FOS）的监察员，或由开放银行实施机构认可的企业对企业或中小企业的调解员。

（3）第三方提供商或账户支付服务提供商对另一个第三方提供商或账户支付服务提供商的查询、投诉或争议。

第三方提供商或账户支付服务提供商可以就支付发起服务或账户信息交易服务向另一第三方提供商或账户支付服务提供商提出查询、投诉或争议。如果所有参与方都是争议管理系统的参与者，则将按照随附的最佳实践准则处理该案例。

开放银行带来的冲击

开放银行的理念及其内涵

英国提出的开放银行更多是从开放银行数据的视角，是与以下三项原则相一致的一套广泛的倡议：第一个原则是银行客户被授权为其财务数据的所有者。传统上，客户数据被锁定在银行的IT 系统中，但欧盟 PSD2 和英国《调查令》等法规正在迫使银行“开放”，使客户能够轻松地与第三方共享数据。第二个原则是银行产品是透明的、易于比较的。英国开放银行计划中已经明确信息和数据要以统一的标准共享，只有以一致的方式描述产品并且信息易于访问，产品才能被理解和比较。第三个原则是为了生产更好的产品和服务，提倡多方合作、创造新的价值链。传统零售银行有自己的分销渠道（如分行、联络中心和数字渠道），和自己自成一体的产品和后台操作体系。

金融科技的出现和监管机构对竞争的鼓励，正在分解并打开银行这条封闭的价值链。在开放银行的生态系统中，参与者可以专门从事端到端流程的一个或多个子步骤，专注于具有明显竞争优势的领域，并利用与其他参与者的合作带来规模效应和提高效率。为保证整个开放银行倡议的规范有效得到实践，英国研究制定了《标准》，就数据标准、开放 API 标准、安全标准以及统筹全局的治理模式各方面提出建议与措施，来确保开放银行的落实与推进。

随着理论和实践的深入，开放银行被赋予更多的内涵，银行在遵守监管标准的基础上，已经将开放银行从“概念”进化到“理念”，将自身定位于银行即平台，平台合作成为当前开放银行理念新的特征。和以往直接将产品和服务传达给客户的形式不同，开放银行模式下，银行将各种不同的商业生态嫁接至开放银行平台之上，再通过这些商业生态间接为客户提供各类金融服务，从而形成共享、开放的平台模型，催生出一个全新的金融服务生态系统——开放银行生态系统。

经过对机构和平台持续的调查研究，高德纳咨询公司（Gartner）为开放银行下了一个更宽泛的定义，开放银行是主要通过 API 技术，与商业生态系统共享数据、算法、交易、流程和其他业务功能，为商业生态系统的客户、员工、第三方开发者、金融科技公司、提供商和其他合作伙伴提供服务。从字面来理解，开放银行的重点在于“开放”，与传统银行相比，不变的是银行的服务，改变的是金融服务交付的方式，即银行运营模式的改变，银行将演变成为按需分配的金融服务基础平台。“银行不再是一个地方，而是一种行为”（布莱特·金，2012），银行虽然没有触达客户的界面，但仍然是经济生活中重要的节点，通过将其服务嵌入和融合到客户的应用场景，蜕变为无处不在的银行服务。这就是开放银行要实现的，以整合生态为目标，银行退居底层，通过开放接口，实现将银行服务提供至客户需求的各个场景，打造“无所不在”的全新银行业务模式，使银行服务更加便捷和智能。

银行3.0——基于互联网的银行服务模式对于场景和流量的依赖程度较高。依靠互联网生态获取客户并为客户提供金融服务，开放银行模式是银行4.0版，改变了银行业的价值主张、与客户连接的纽带，并建立起新的盈利模式。具体来说，开放银行产生了以产品为中心向客户为中心、App运营向API运营、封闭闭环服务向开放闭环服务、单边主义向共生共赢的思维模式的转变，开放银行的客户来源及与客户交互将更加混合化，服务更加精细化和垂直化，收入将更多依赖于对关键资产的共享、利用和实践，盈利模式更加平台化、盈利来源更加多元化，平台模式成为未来开放银行制胜的关键。

开放银行对参与者的影响

开放银行的潜在好处是巨大的：改善客户体验，为银行带来新的收入来源，以及为传统服务不足的市场提供可持续的金融服务，促进创新，促进银行和非银行机构之间的竞争等。开放银行将创造出一个全新的金融服务生态系统，在这个生态系统中，银行变成平台构建者、服务撮合者、生态整合者；从客户角度出发，体验成为银行成功的要素之一，银行的产品和服务被拆分和打包，与场景结合按需分配来展现银行的核心服务。银行作为产品和服务的提供者，并不是等着客户主动选择，而是主动思考如何将银行服务与客户的衣食住行相联系，如何设计具有吸引力的互动而成为客户的选择。开放银行对于银行、生态参与者以及全社会而言，都将创造新的机遇，赋予新的价值。

从全行业的角度，银行拥有庞大的客户群体，以及这些客户准确的签约信息、资产信息、现金流量信息以及支付、消费与投资信息，几乎涵盖了客户的核心价值。银行处于大数据时代变革之中，银行所拥有的这些数字资源具有巨大的商业价值，但长久以来，基于对业务的保护，银行与银行之间、银行与企业之间的数据是相互隔离的，“数据孤岛”现象在银行业尤其明显，这也限制了将这些数据的价值最大化，限制了数据使用的范围，影响金融服务效率，增加社会成本。银行数据的开放，将全面提升经济社会效益。具体而言，开放银行将会深刻影响包括消费者、银行等在内的相关参与方。

消费者

对客户而言，首先，开放银行降低了客户和银行间的信息不对称，客户可以获得价格更加透明公开的银行产品和服务，并可以以较低的成本在不同银行的产品和服务之间进行切换；

开放银行

客户在多家银行的账户信息得以汇总，通过一个平台就可以了解自己的支付、理财、信贷等全景化的信息，而不需要通过多个应用才可以拼凑出自己的资产全貌。其次，基于丰富的消费者和银行产品数据，第三方能为消费者提供更加全面综合的资产分析，从而向消费者提出个性化的财富管理建议和差异化的产品定价。最后，当银行将金融产品和服务嵌入场景之中，客户能够随时随地享有银行提供的便捷、无缝式的产品和服务，客户体验将大大提升。

传统银行

对银行自身而言，银行的开放会吸引更多的金融服务提供者和创新者，银行会面临更加激烈的行业竞争，但这也倒逼银行主动转变经营思维适应时代发展。银行将更加关注客户体验，以客户需求为中心，针对客户最终需求提供个性化产品和服务。银行作为平台，可以通过 API 对第三方开放其核心业务功能，不仅可以输出标准化的产品和服务，还可以输出银行风控、技术能力，拓展银行产品和服务的品类，获得多元化的收入，从传统的金融服务收入向平台服务收入转变。

金融科技公司和新兴银行

开放银行为金融科技公司打造更大的创新空间。在能够访问和获得更多数据的基础上，金融科技公司可以充分发挥其技术优势，将获取的丰富的信息与区块链、人工智能等新技术相结合，以客户需求为切入点，提供更多个性化解决方案。除了打造自身业务平台和技术平台，金融科技公司还可作为赋能方与银行合作，为转型中的银行提供集成的 API 服务。

新兴银行也可以算作金融科技公司，并且大多都获得了银行牌照，组织结构更加接近开放银行的要求。对新兴银行而言，不仅可以与其他金融科技公司同享开放银行带来的益处，而且开放银行增加了新兴银行与其他金融科技公司、传统银行合作的动力，为新兴银行快速开发新的产品、扩展新的市场创造了条件。

大型科技公司

通过开放 API，大型科技公司（Bigtechs）在消费者的授权下也可以申请调取银行的数据和服务，大型科技公司可以与银行合作，通过接入银行的系统，不仅有更多渠道为客户提供体验更好的银行服务，还可以完善银行的核心产品与服务。例如苹果、谷歌、阿里巴巴和腾讯等领先的科技公司，利用其自身庞大的客户群体和普适的用户界面（如智能手机、平板电脑等）接入银行系统，不仅提高其自身的营收，而且还收集了更多有关客户需求的数据。

非金融服务提供商

对非金融服务提供商而言，即使不是金融机构，参与金融交易也有利可图。专业服务提供商通过分享合规、数据安全、取证和治理方面的前沿实践，能够弥补其他合作者专业领域的知识空白。例如，普华永道的金融犯罪部门与银行合作，处理开放银行的相关欺诈、反洗钱以及安全问题。①

开放银行的关键技术——API

开放银行与 API

开放银行实现数据共享和服务开放的关键技术是 API 技术，它也是银行实现平台化和生态化的核心。应用程序接口已经使用了几十年，尤其是在美国，它使个人财富管理软件能够在银行网站上显示账单明细，并将开发人员连接到维萨和万事达等支付网络，亚马逊、谷歌、脸书等公司和其他数字领导者的业务应用中也很广泛。

API 刚开始出现的时候并没有强调创新，而是通过现有关键功能的聚合，提供快速开发的潜力。一般来说，推出新产品和新产品进入新市场的过程是漫长和艰难的，需要数年的时间才能交付产品，并且需要花费大量的资源来定义、实现和管理系统。而在基于云服务和 API 的可组合体系结构的时代，该体系结构为构建通用的新产品交付核心解决方案提供了快速且有效的途径。与必须购买、构建和维护一组信息不通畅的系统不同，支持 API 的可组合体系结构允许机构利用构建在云基础设施上的解决方案，这些解决方案完全由受信任的提供者管理并作为服务提供。开放

① Lendit Fintech：the State of Open Banking

银行和 API 使用的增长，证明了这种体系结构的实用性。它允许无论是内部开发的还是第三方开发的应用程序之间保持信息流动，使不同的业务领域能够轻松地互访客户数据、获取见解并创建适合市场和监管需求的创新产品，极大缩短和降低了新产品或现有产品的迭代、推出、集成和修改的时间和成本。

然而，API 在零售银行中的作用越来越大，这是最近才出现的现象。API 本质是一些预先定义的函数，目的是给予开发人员基于某软件或硬件得以访问一组例程的能力并且无须访问源码，或理解内部工作机制的细节。API 在银行业务中起到的作用可以理解为，API 是作为银行与第三方互动的技术规范，第三方能够通过银行定义好的不同 API，无缝且安全地共享数据或者帮助各方处理业务。API 不仅仅是共享数据或者提供服务的途径，它还能通过解耦合和公开业务流程来提高灵活性，通过 API 增加机器之间的互操作性能消除人为错误、提高内部效率、对外开放和组织新的分销渠道，能够帮助企业快速创新并开拓新的产品和服务的市场。

开放银行也可以理解为 API 经济在银行业的应用。API 经济是在云计算和互联网日益加深的背景下，行业市场越来越大、产业不断细分，行业内企业当前构建的应用或者系统达到收益递减点，无法再产生重大价值来实现显著的业务增长、维系现有客户或者赢得新客户，因此，企业利用 API 来确保自身易于开展商业合作，也能够使其他企业易于创新新的经济模式。API 技术使银行实现了将其某些能力和资源作为 API 服务进行商业交换，使银行创造出新的价值，构建新的核心能力。

为何采用 API 实现开放银行?

常用的 API 可以分为内部 API、伙伴 API 和开放 API。在许多情况下，内部 API 用于促进单个组织中应用程序间的交互，通常用于将内部数据集和流程彼此连接起来，并在其上构建功能层。内部 API 的一个非常常见的例子是移动电话应用程序，任何拥有成熟应用程序的机构都可以使用 API 来远程获取数据，例如 Gmail、脸书、贝宝（Paypal）等应用程序，在用户想要阅读电子邮件、更新状态或查看余额时显示在用户的手机上。伙伴 API 通常用做与特定的第三方伙伴之间的扩展产品线和渠道等。API 技术的另一种创新的用途是企业使用 API 来允许外部软件与其应用程序进行数据交互，第三方可以访问的 API 通常被称为开放 API。设计良好的开放 API 意味着，开发人员可以在不了解软件或不访问其代码的情况下构建与之交互的应用程序。但是现实情况是，开放 API 很少是真正完全开放和不受监管的，大多数企业都会对开放 API 访问的内容以及能够连接到的群体设置限制。

此时，开放 API 意味着只公开软件功能，而保护应用程序的其余部分，例如，开放 API 只允许对某些数据字段进行“只读”访问，而不允许更改它们，也不允许显示其他相邻的数据字段。开放 API 的使用在过去的几年内获得了快速增长，说明企业可以在允许其软件和数据与第三方交互中获益。一般来说，随着支持 API 的设备和服务的数组的增长，它们可以连接的方式的范围也在增长。

最适用于银行的方式是，使用开放 API 允许第三方向其核心产品添加功能，潜在的大量第三方可以带来超出银行原始组织范围的想法和客户。如果这一战略成功实施，银行将成为第三方创新的“平台”。在开放 API 时，银行可以通过决定开放哪些 API 以及和谁共享 API 以保持对 API 的高度控制，选择种类和开放程度与自身战略相符合的 API。

API 最大的优势在于安全，开放银行所提倡的 API 接口数据传输的方式降低了可能的风险。本质上数据共享要求数据所有者能够验证它们的身份，并且授权之后进行数据分享，那么在不同应用之间分享数据就需要获得账户的控制权。在 API 之前，数据共享采用的方式通常是屏幕抓取（Screen Scraping），通过“用户应用”（Client Application）询问用户“服务提供商”（Service Provider）的登录细节，然后代替客户登录用户账户，抓取数据。很明显，这样有很多缺陷：第一，这样的应用需要完全进入用户的账户，如果服务提供商是银行的话，意味着“用户应用”可以获取用户名、密码等一系列涉及客户隐私的信息，可以随意地通过该账户买东西、转账、修改密码甚至把用户封锁；第二，就算“用户应用”本身是绝对安全的，但是没有加密的登录信息被存储在该公司的服务器上，很容易被黑客攻击；第三，即使应用本身只需要很小一部分数据，那么它也需要得到全部的权限才行；第四，对于服务提供商来说，例如银行，它们无法区分是用户本人登录还是所谓的“用户应用”在登录；第五，由于消费者已经把登录信息给了“用户应用”，所以它们已经违反了某些条款，从而很难得到原有的消费者保障服务；第六，由于“用户应用”获得的数据不是“服务提供商”授权的，也不是恰当设定好的，因此无法保障该应用得到的数据是准确的。尤其是服务提供商改变网页设置时，应用抓取的数据很可能就不是准确的。[①]

在计算机编程中，API 是一种交换协议。随着软件规模不断扩大，组成部分之间的编程接口非常重要。API 使得开发人员得以呼叫一组例行功能，无须考虑底层原始代码，或者了解其内部工作机制的细节。简单来说，API 是一组使软件不同部分交互的标准。API 需要设定如下几个方面：一是设定和软件连接的机制；二是对该软件来说可用的数据和功能；三是为了实现交互数据和功能中其他软件需要遵守的规则。[②]

正是基于上述这些风险，很多企业希望可以为用户提供更加安全和便捷的方式，授权和管理第三方接触它们的信息，并且现在越来越倾向于采用统一的程序标准——OAuth。目前开放银行要求的 API 接口标准也是采用 OAuth 标准，这就解决了前文提到的风险。同时由于 OAuth 是开放协议，意味着所有人都可以无成本地再次使用。

当前世界各国和地区对开放银行的态度都很积极，美国、澳大利亚、新加坡、加拿大、日本、尼日利亚、印度和中国香港等

---

① Open Date Institute：Data Sharing and Open Data for Banks. 2014. 9

② 同上

18 个国家和地区已经在开始落实开放银行的理念，但是相关法律法规的制度和管理仍不健全，区域性 API 标准的制定是当前各国和地区规避开放银行风险的措施。2018 年 1 月，中国香港金融管理局（HKMA）发布《香港银行业 Open API 框架咨询文件》，将开放 API 分为四个类型，并设定了每个类型的 API 的功能：第一类是产品和服务信息 API，提供银行的产品和服务细节；第二类是产品和服务订阅与申请 API，用于存贷产品的网上申请；第三类是账户信息 API，用于认证客户的账户信息提供与修改；第四类是交易 API，由验证客户发起交易、支付、转账。①

API 是开放银行业务的核心，如果执行得当，能够刺激银行创新、促进生态系统各方协作、扩大银行客户覆盖范围和降低银行成本。开放银行模式的一个关键概念是使第三方开发人员能够在银行现有基础设施的基础上构建金融应用程序。银行若想通过开放银行战略取得成功，找到正确的商业模式至关重要。对于考虑开放基础设施的银行来说，API 战略应被视为业务战略，而不是 IT 战略。目前开放银行标准提供了有限的可能，从银行开放 API 类型来看，市场上 32.9% 是账户信息类 API，其次是支付、转账类 API，占比 28.7%，第三位的是占 18.2% 的交易类 API。② 以客户为中心的市场，这些 API 标准远远不能满足多元化的市场需求，表 2.2 所示是较具潜力、前景和市场空间的开放 API 类型或者领域。

---

① 兴业数金 . 开放银行系列之监管篇：各国监管趋势解读 . 2018. 9

② Lendit Fintech：the State of Open Banking

表 2.2 具有较大市场空间的开放 API 类型

领域	简介
核心开放式银行业务功能	账户信息访问；从任何选定的访问点到任何选定的、基于开放式访问的价值存储的简单支付转账
汇总聚合	集中监控所有银行账户；提供插件、附加服务，例如产品融资或产品保险
财务管理与咨询	支出分析、预算编制、资金管理、提醒、债务管理
透明	金融产品与服务的对比分析、位置情报
安全与信任	强身份认证与授权，欺诈管理与预警
连接与控制	第三方提供商的监管目录和注册管理，服务提供商的连接
核心开放式银行业务功能的延展	多目的地支付、新的银行账号或 IBAN 的创建、信用卡和借记卡的签发、货币兑换

资料来源：Lendit Fintech：the State of Open Banking

盈利能力是模式选择的关键因素，衡量 API 成功与否的一个标准是每用户平均收入，以此来衡量 API 的持续经营能力。无论银行选择哪一种商业模式，都必须与其长期愿景和战略规划保持一致。表 2.3 所示是常见的 API 收费模式。

某些银行通过软件开发工具包（Software Development Kit，简称 SDK）技术来实现其与第三方数据与服务的共享。根据网络定义，SDK 一般是软件工程师用于为特定软件包、软件框架、硬件平台、操作系统等建立应用软件开发工具的集合。通俗来讲，SDK 是可以实现软件产品功能的工具包，当前一些功能性的 SDK 可以被当成产品来运营，SDK 的使用者不需要对产品的每个功能进行开发，可以减少实现产品功能的成本、提高开发效率。在具体应用中，SDK 是融入移动场景较好的工具，例如，A 银行与 B 社交平台合作，A 想在 B 平台上嵌入其部分服务，A 可以通过

表 2.3　API 使用模式

模式	简介
数据交换模式	数据交换是最常见的 API 模式之一，也是脸书图形 API 的核心。对于追求数据库化业务模型的银行，最重要的是创建一个双向数据馈送通道，当第三方使用 API 时，银行也会在其中接收数据
基于交易的模式	基于交易的模式可能是银行最熟悉的模型，与传统的交易银行服务没有太大的区别，允许第三方通过即插即用 API 来整合和利用银行的服务，从而延伸到更广泛的受众并提升支付量
按 API 调用计费模式	按 API 调用计费是最简单的货币化模型，第三方在每次调用通过 API 提供的服务时都要付费。基于订阅的 API 定价既可以是固定的，也可以是动态的。固定模型很简单，每月以固定成本，提供完整的 API 访问。随用随付的方式更具动态性，其中的定价是由使用量决定的，例如，云计算平台的使用价格可以由操作系统平台和平台的大小按小时决定。另一个动态订阅模型是分层模型，开发人员根据固定时间内 API 调用的次数支付特定使用层的费用，当每层的成本增加时，调用通常会减少。垂直资源往往使用分层模型，价格随着使用量（API 调用）的增加而下降，因此经过一段时间的使用后，用户可以调整他们的层
免费模式	免费模式对于 API 所有者和第三方来说都是一个很好的开始方式，并且可以作为实现基于订阅的模型和 API 调用收费的垫脚石。在这种情况下，模型公司为开发人员提供一些免费的 API 功能，然后对额外其他功能收取费用。例如，Web 映射服务允许对 API 进行少量的免费调用，超过免费使用的次数后，对 API 调用收费。向高级订阅添加额外的 API 访问提供了将其升级到高级包的强大动力，因为它允许最终用户更容易地定制他们的体验和工作流
资产负债表模式	资产负债表是银行向第三方开放 API 的重要战略资源。许多金融科技公司正在寻找银行合作伙伴，为新产品和服务提供核心金融基础设施。这有利于银行增加管理资产、为资本要求提供存款，如果涉及信贷，还可能增加利息收入
收入共享模式	收入共享模式是鼓励开放创新和与第三方共同创造的一种方式。在这个模式下，通常第三方根据第三方应用程序的流行程度来支付。收入共享模型为 API 所有者和第三方社区提供共享激励和业务扩张激励

资料来源：Christoffer Hernæs. Open banking：What you need to know
TPPs：//hernaes. com/2018/01/22/open-banking-what-you-need-to-know/

SDK 将服务集成到 B 的 App 上，B 就可以实现直接调用 A 的服务。API 是一种能力或者规范，一般情况下，SKD 可以包含多个 API。

开放银行潜在风险

开放银行是一个巨大的机遇，但它也可能是一个巨大的威胁。一方面，合作共享资源能促进创新、更激烈的竞争和更好的金融产品和服务；另一方面，消费者对保护、隐私和控制个人数据的兴趣从未像现在这样强烈，开放银行迫使银行重新思考这些数据存储和使用问题。开放银行在有效提升银行金融服务效能的同时，也使得风险敞口更多，风险管控链条更长，风险洼地的效应更加明显，风险的形势也出现了新特点、新变化。在一个客户信任银行保护其数据安全的行业，开放银行要想取得成功，就需要改变人们对安全的态度。创新本身必须谨慎管理，因为任何对银行服务的破坏都可能产生巨大影响，并损害客户的信任。根据市场结构、监管环境以及消费者对隐私和安全的态度，不同国家和地区在开放银行方面的进展不尽相同。无论在哪个地区，开放银行模式的势头似乎都很明显，这要求银行在新的环境中为成功做好准备，并预测可能的客户影响。

开放银行商业价值有待验证

开放银行通过 API 接口与第三方合作，开放自身的数据与服务能力，切入各个生活场景，某种意义上银行角色被后置，客户在使用银行的服务时可能并没有意识到是在与银行产生连接，客户与银行的联系被弱化，这与银行想增加客户联系的初衷是相悖的。一个开放平台的构建并非易事，需要强大的技术能力支撑，大量的技术和资金投入，开放银行如何将平台能力变现，从目前践行开放银行理念的银行实践来看，尚未形成一个清晰的模式。各银行正在为开放银行业制定战略，思考它将如何在全球和本地发展，并建立评估新 API 和伙伴关系潜力的结构。开放银行业将如何展开，以及最终将走向何方，存在许多不确定性，仍需要时间和市场验证。

开放银行标准与开放范围尚不统一

部分地区开放银行标准与数据标准规范不统一，全球性推广尚不具备条件。近几年，英国、澳大利亚、中国香港和新加坡已经出台了关于开放银行的数据标准、API 标准等规范，监管先于实践，对开放平台的设计、部署和运营等方面加强管控，明确开放银行接口设计、信息保护等方面的技术规范，但是均为区域性的标准，尚未形成全球统一的标准。在中国等其他国家，开放银行监管落后于实践，目前尚未在顶层设计上出台相关标准规范，在具体业务开展过程中存在较大的风险敞口。开放银行涉及银行与第三方机构之间大量的数据、接口、服务和业务规则，标准作为通用标准是规范开放银行接口服务的不可或缺的前提与基础，是数据和服务如何共享、如何交换、如何传输、如何保护的机制，这个机制的缺失，会导致多方数据、服务结合使用的难度加大，并不能实现开放银行理念的初衷；此外，不同部门、机构共享和开放的意愿并不相同，没有统一的规范标准，将导致开放的不公平问题。规范的标准也明确了开放共享各方的利益、开放的数据和服务的安全，为开放银行的实践提供良好的机制保障。

数据泄露风险

开放也是有代价的，开放银行涉及数据和服务的提供方、第三方机构等主体，任何一方在数据保护方面存在缺陷都将会导致数据泄露的风险剧增。共享数据存在固有的风险，这就是为什么开发支持技术连接的流程和治理是至关重要的。API 虽然是较为成熟的技术，但是在银行业作为银行业务和数据开放的通道尚处于应用的初期阶段，在具体应用中，API 的版本和权限是保障客户信息传输的关键。若 API 服务接口存在设计漏洞或者权限设置不当，都会导致客户数据泄露和滥用。不受保护的 API 可能会为数据和关键系统提供可乘之机，从而为犯罪分子和怀有恶意的个人打开大门。如果没有适当的安全性，API 的弱点会将客户数据、后端系统访问，甚至货币系统暴露给未经授权的访问，从而给系统和整个业务带来若干操作风险。尽管 API 的核心价值主张在于简化数据访问所需的系统集成，但对个人数据隐私和安全保护的需求，对基础设施也构成了巨大挑战。

业务开放风险和外部风险

开放银行模式下，银行与商业生态系统的客户、员工、第三方开发者、金融科技公司、提供商和其他合作伙伴的合作更加紧密。在事前，若银行没有对合作方进行严格的筛选，在处理接口使用方的请求时没有建立严格的事前准入机制，将导致资质不佳的合作方浑水摸鱼，增加欺诈等风险事件的发生比例。在事中，存在第三方超越授权范围使用API接口的情况，例如将服务接口二次提供给未经银行或者客户授权的使用方，将对银行的反欺诈、反洗钱等业务风险管理带来新的挑战。

开放银行也要坚持标准先行，加快制定并落实各区域开放银行的技术规范。开放银行涉及银行与合作方之间大量的数据、接口、系列和业务规则，要从设计、研发、部署、运维等阶段加强开放银行生命周期的安全管控，明确开放银行服务部署、接口设计、安全集成、安全监测、信息保护、风险控制等方面的技术要求，引导开放银行规范发展。① 加强资源融合发展，积极加强人才队伍建设。既要考虑银行机构自身开放银行发展专业人才需要，同时也要与科技金融人才劳动力市场接轨，制定科技金融人才培养战略，持续加大专业人才队伍建设的投入，为开放银行发展培养充足的专业人才。

随着更多的竞争者进入市场，银行需要一个功能完备的安全框架，这个框架需要有一定的容错空间，同时囊括处理第三方连接所需的法律框架、接入流程、风险评估流程和其他控制功能，

---

① 陈立吾．引导开放银行规范发展．http：//www.nifa.org.cn/nifa/2968570/2976954/index.html

来保护客户免受虚假交易的影响。开放银行的成功在很大程度上取决于公众的权益是否受到法律的保护，因此开放银行的发展需要受到国家层面的法律法规的规范和约束。PSD2 对数据处理有严格的规定，但是缺乏监督时就会出现问题。目前，社会最大的担忧是法规的执行，因为事实证明，巨额罚款和严厉惩罚在阻止违规方面效果并不明显。在建立一个可行的框架时，预防措施是必要的。在制定公开的银行监管法规时，应当优先考虑消费者的权利。消费者权利和隐私的保护必须严格和透明，消费者有权利知道共享数据的范围、数据的价值以及共享数据的用处，而且应不仅仅是考虑数据易访问性、撤回同意、删除权利和及时报告数据泄露等因素，还应该做好第三方身份验证和客户授权，限制资质不符的合作者对数据的访问。

尽管今天的开放银行被视为现有业务的一部分，是银行业发展到一定阶段自然生长出的一个新业态和新模式，是数字时代银行业的一个自然组成部分，但银行业正在接近一个拐点，在新理念的指引下，开放银行只有在客户授权、监管合规的前提下，才能完成行业的完美蜕变。

开放银行带来银行业的深刻变革

开放银行的发展可能会对银行业的整体发展及内部竞争格局产生重大影响。开放银行及背后的金融数据共享，正在引发金融行业的大变革。

美籍奥地利经济学家约瑟夫·熊彼特（Joseph A. Schumpeter）提出了创造性破坏理论。在熊彼特看来，“创造性破坏”是经济结构调整的必经阶段，经济结构的创造和破坏主要不是通过价格竞争而是依靠创新的竞争实现的。每一次大规模的创新都面临着淘汰旧的技术和生产体系，并建立起新的生产体系。他认为企业是“创造性破坏”过程的组织者和始作俑者，经济结构动态失衡是健康经济的“常态”，而非古典经济学家所主张的均衡和资源的最佳配置，企业通过创造性地打破市场均衡，推动经济结构的优化和经济社会的发展。熊彼特强调了企业创新在推动经济社会变革中的重要地位。

哈佛商学院教授克莱顿·克里斯坦森（Clayton Christensen）在《创新者的窘境》和《困境与出路》书中提到创新有两种类型：一是维持性创新，即向市场提供更高品质的东西；二是破坏性创新，即利用技术进步效应，从产业的薄弱环节进入，颠覆市场结构，进而不断升级自身的产品和服务，爬到产业链的顶端。而实现破坏性创新必须具备三个条件：新技术的发展、客户的接纳、市场竞争格局的调整。

开放银行的本质是“客户在哪，银行服务在哪”。按照银行服务的提供方式来划分的话，银行迄今为止经历了从网点银行、自助终端、基于互联网银行服务到开放银行阶段。

银行对数据的应用主要有三个方向：一是主要基于原有库存数据服务客户；二是通过 API 共享数据给其他机构，再内嵌进后者基于所共享和自身数据提供的产品以服务存量和新增客户；三是从其他机构API获取数据，与原有数据整合后迭代获客体系，吸引新的客户和辅助服务现有客户。（周科，2018）可以看出，开放银行阶段，整个银行业的市场格局将发生重要调整，无论是从技术、客户还是市场格局的角度，开放银行的出现符合“破坏性创新”的本质特征，将为银行业带来重大的创新变革。

杰姆斯·汉考克（James Haycock）等在《消失的银行》一书中提出了这样的一种观点，银行受限于庞大的规模已经很难跟得上时代变化的节奏，再加上其高昂的合规成本，使得银行在转型方面困难重重。而新兴的科技公司以其高效率对银行业产生了重大冲击。如果我们分解银行的业务，就会发现金融科技公司可以替代银行提供的每项服务。[①] 这对银行来说是可怕的，甚至是毁灭性的。但是银行掌握着我们的账户，信用货币创造依旧离不开银行，未来银行或许将是一个维护账户的后台组织，被提供各种服务的金融科技公司所使用。所以我们仍然需要银行，但对银行需求的原因将产生很大的改变。银行可能会成为一个大“仓库”，将金融科技公司聚集在一起，以满足客户的每一个特定需求。在这个过程中，银行将扮演何种角色、如何与客户产生交互、如何推进银行变革，是银行在推进API开放的过程中需要考虑的问题。开放银行带来的挑战不仅是某个银行所面临的，更是整个银行业所面临的。

① http：//thefinanser. com/2016/04/the-new-fintech-bank. html/

加剧银行业竞争

银行市场是相对集中的，存在着一定程度的垄断现象，银行机构不能充分竞争，导致客户体验较差，银行服务效率较低。银行服务的客户存在着高度重叠，但是覆盖范围又较为狭窄。银行市场对新进入者形成了较高的门槛，金融业要求必须持牌经营，虽然这有利于金融风险防范，但在一定程度上也对金融创新机构开展金融业务造成了阻碍，不利于开展金融创新。由于消费者不能在自己所服务的银行之间做出比较判断，从而在服务银行之间的转换率较低，因此，银行做出积极改变的动力较小，不利于银行本身的竞争。银行通过开放 API，一个全面的分布式商业形态将会形成，在这个商业形态中，各个银行与金融科技公司会有更加平等的竞争地位，银行的金融业务也将不局限于银行本身，金融科技公司会以其高效率、高创新和低成本来与银行业展开充分的竞争，各方组成紧密的商业联盟、相互协作，产生共同价值。

盈利模式需要调整，内外部转型压力增加

技术基础系统方面，银行面临着一个新的技术挑战，即在尽量维持目前运营标准的前提下，在更新本身的 IT 系统架构为基础之上提供 API 接口给第三方。马修·沃尔（Matthew Wall）曾经在接受英国广播公司（BBC）采访时提到，全球大型银行都面临技术问题，导致客户无法访问在线银行账户等服务，包

括汇丰银行、美国银行、澳大利亚联邦银行、澳新银行、苏格兰皇家银行等。目前银行基本都面临着 IT 基础设施更新的问题，移动金融时代，客户需要银行提供实时的交易服务，很显然现在银行的 IT 后台系统已经阻碍了银行的创新步伐。技术标准方面，银行的一些现有支持功能如欺诈检测、KYC 及一般安全和交易监控的技术标准也需要更新以解决安全问题。这都需要银行投入大量的人力、物力成本，因此给银行造成了成本上的巨大挑战。

银行开放 API 接口后，如何在新的模式下实现盈利是其面临的重大挑战。银行是一个依靠规模化发展的行业，如果银行不能在短时间内获得规模化发展，可能会导致客户群的恶化，最终，银行将因为被迫减少的规模量引致边际成本的增加，使银行盈利遭受严重威胁。

早期，银行作为资源的整合方，掌控产品和分销渠道，银行作为中心化的存在，掌控整个产业价值链，决定着消费者享受到的服务内容和服务质量。即使在早期的互联网时代，账户信息和支付服务均是通过银行自建的线上和移动渠道来触达消费者。第三方机构首次通过支付服务借入银行体系，但是随着金融科技行业的发展，一些金融科技公司如网络借贷公司、消费金融公司、互联网巨头瞄准了银行的空白领域，对银行形成了巨大挑战。此时，银行可以更多地作为一个“分销者”的角色，开放银行战略可以充分发挥银行的互联网和移动分销渠道，充分利用第三方服务拓展银行数字化市场的占有率，比如银行为其他机构的基金产品或支付卡方案提供平台或渠道。银行开放 API 的过程给予银行仔细剖析其产品的动力，通过剖析产品，银行可以深度了解产品背后所蕴含的服务、功能甚至是原始数据。开放银行背景下，产品的分销和服务提供能力都会出现诸多变化，银行必须找准自身定位，做出战略变革。开放银行时期，API 作为产品和分销渠道之间的一个枢纽，无论银行主要是发力产品端，或是发力渠道端，均是银行在开放时期的转型战略选择。

平台化模式发展

PSD2 法案的目的是支持欧洲市场支付行业的创新和竞争，保护消费者权益。在 PSD2 中明确规定，欧洲各大银行将被强制要求对第三方支付服务提供商（third-party Payment Service Providers，简称 PSP）① 开放用户账户信息权限，以及提供全部必要的 API 接口权限。这意味着，未来欧洲用户仍然可以保留原有的银行账户，而使用第三方支付公司提供的工具去管理日常的消费。PSD2 必将推动支付价值链上现有参与者的创新与竞争，并提供一个制度框架，使银行专注于为客户提供更好的消费体验。支付行业各方包括银行除了要面对上述影响和风险，同时也面临着大量机会。

---

① 在 PSD2 中，账户信息服务提供商（AISP）和支付发起服务提供商（PISP）被列入第三方支付服务提供商。

PSD2 的发布为新的金融科技公司降低了门槛，银行业也因此被迫面临巨大压力。在这个背景下，银行应主动加入整个生态当中，从用户体验出发，把自己变成“一站式”银行，“银行即平台”的模式逐渐形成。调研机构高德纳咨询公司也将“开放银行”定义为一种平台化商业模式，即通过与商业生态系统共享数据、算法、交易、流程和其他业务功能，为商业生态系统的客户、员工、第三方开发者、金融科技公司、提供商和其他合作伙伴提供服务。

目前，银行通过各种渠道，如线上渠道、移动端渠道和分支机构等提供一系列的“端到端”的金融服务，此时，银行和客户的交互是直接的，银行是服务的最终提供方。在 API 开放的情况下，银行更多地将作为一个平台，在此平台上，第三方公司构建的应用程序可以使用银行的数据。银行的一切业务以客户开立账户作为开端，账户作为客户开展金融活动的载体，是客户办理贷款、抵押、储蓄、外汇等金融业务的基础设施。但是，银行通过开放 API，上述情况都将发生变化。客户完全可以通过在第三方平台上注册即可拥有自己的第三方平台账户，第三方平台通过调用银行的服务来为客户提供更有价值的服务。此时，客户与银行不直接交互，银行账户不再作为公众获取银行服务的必要途径。可以看出，银行在开放 API 的模式下，用户将不再局限于自己的银行所提供的平台，银行如何构建与金融科技公司的关系，在监管框架下如何认清自己服务的边界以重塑自身的核心竞争力是关键。事实上，银行如果作为一个平台，能够充分利用这些新技术，那么银行就可以扩大其影响范围。目前国外许多银行已经认识到银行作为平台的角色存在而可能对自身带来的发展机会，并且已经开展了相关行动。

BBVA（西班牙对外银行）于2014年2月收购了美国数字银行Simple，作为现有银行网络之上的“智能层”，进而为客户提供数据丰富的交易分析；法国农业信贷银行（Crédit Agricole）在2012年推出了自己的应用商店，它们认为客户在与银行或任何合作伙伴的关系中创建的数据是客户自己的财产，因此客户拥有访问这些数据的权利，更进一步，客户也应该能够在应用程序中访问这些数据；德国Fidor银行通过启动API开发人员社区，包括开发人员日，以促进其银行数据的可编程性。

亚马逊、阿里巴巴、滴滴等都是以平台为发展模式的企业，它们利用平台将供需双方直接连接起来，通过减少中间环节来有效创造价值，扩大规模奠定行业垄断地位。平均而言，平台统筹者比其他业务模式的收入增长得更快，创造的利润也更高。和传统银行业相比，为什么新兴的互联网公司跑得那么快？那么迅速地形成了规模？那么快地根据市场需求快速迭代自己的产品和服务？很重要的一点就是文化差异。互联网公司可以承担巨大的风险，在监管合规的边缘面临更轻的负担，但银行的目标却是要做“百年老店”。反过来说，这一点却也是传统银行业的优势。因为金融领域的特殊性使得金融平台不能仅仅连接供需双方，更重要的是要能够持续经营、管理风险、创造价值，而要论提供完整的金融服务，银行自身的资金优势和风险管理能力是新兴的金融科技公司所完全无法比拟的。可以说，“银行天然就是平台，但平台天然不是银行”。

“银行即平台”模式的关键在于其接受度和用户参与的广泛性。比如德国通过建立“开放银行项目”（Open Bank Project）来达到这一目的，这一项目通过提供银行 API 的开源服务来促进银行业内的创新，提高银行的可接受度。未来，银行可以更多地朝着一些科技公司成功转型学习，比如苹果应用商店、易趣（eBay）、Salesforce 网站等。Salesforce 网站的 API 生态系统在不断扩展，它包含超过 800 000 名开发人员，他们已经构建了超过 400 万个在 Salesforce 网站平台上运行的应用程序，由此导致 Salesforce 网站上的流量增加 60% 并且带来了可观的收入。

未来金融科技银行直接提供的产品可能将限于“持有资金”的业务，包括：多种货币的银行账户、信用卡和借记卡、电子钱包等，而像投资、交易和经纪，财富管理，贷款、信贷和抵押，众筹，保险，外汇等业务可能会借助 API 由传统的银行或第三方提供商来提供。[①] 银行通过开放 API 构建自己的生态平台，此时，传统银行将会成为这类银行的客户，它通过错位竞争的方式，避开目前银行业务的红海市场现状，走出一条完全不同的发展路径。它是一个聚合、连接价值的生态系统，它为多个第三方的产品提供了一种连接“管道”，而不是直接的产品和服务的提供方。在这个平台上，架起了客户和第三方服务提供商沟通的桥

① Fntechranking. overview of APIs and Baas in fintech. 2016. 7

梁，前者的真实需求将被深度挖掘，后者市场拓展的成本也将大幅降低。此外，投资机构可以找到有潜力的初创企业以扶持它们成长。聚合产生价值，这或许是开放银行存在的核心竞争力。开放银行生态系统详见图 2. 2。

开放银行生态圈

上层——商业生态系统

金融科技公司、电商平台、行业服务平台、供应链核心企业、开发者乃至个人创业者，通过开放API调用底层的银行服务组件，获取相应的数据，开放创新应用，在其构建的各类商业场景中为客户提供无缝衔接的金融服务

中层——第三方开放银行平台

- 基于开放式API，打造模块化的第三方开放银行平台
- 帮助银行利用金融科技公司针对场景的创新能力，获客导流，同时帮助金融科技公司利用银行的数据资源，为客户提供切合需求的金融服务

下层——持牌资质银行

提供账户管理、支付、融资等模块化的业务，为上层商业生态系统提供模块化、系统化的基础金融服务

图 2. 2　开放银行生态系统

资料来源：the overview of APIs and Bank-as-a-Service in FINTECH

银行向平台模式的转变是一种战略深度变革，而不仅是战术变革，这冲击了整个银行体系，影响了银行的商业模式、服务方式等。在这一模式下，银行充分发挥自身的比较优势，在业务理念、业务方式上及组织架构上都需做出调整，与其他方共同构建生态，朝着可以提供贷款、投资和支付等广泛接受的平台化方向发展。

银行业务理念趋向共赢

银行在过去很长一段时间的组织方式都以集中式管理为主，因为需要不断扩大生产规模，扩充物理网点以降低边际成本，追

求利润的最大化。进入数字化网络时代之后，金融服务要素可以低成本地复制，人们享受到金融服务的门槛逐步降低——人们可以通过极低的成本来获取、复制更多的金融服务要素，以增加金融服务事件的数量和范围。随着金融服务发生次数的增多，金融数据得到快速地积累、沉淀，此时，银行业之间的合作越来越频繁，合作共赢成为银行业发展的主题。共享经济、平台经济成为银行业商业模式转型的重大方向。

梅特卡夫定律（Metcalfe's Law）指出，网络的发展使得马太效应不断增强，网络价值随着用户数平方的增长而增长，即与用户数平方成正比。原来的商业建立在点对点的连接方式，互联网将这些点扁平化地接入并交互，一个巨大的星形网络形成后，交互速度大大提高。梅特卡夫定律为共享经济的发展提供了最广泛的参与基础。在共享经济的运营方式中，由于部分或者绝大多数成本是由共享者提供的，因此企业的运营成本较此前大幅降低，从而大大缩短了盈亏平衡的时间。在这种新的商业模式下，银行也将迎来新的发展机遇。开放银行时代从“得账户者得天下”向“得场景者得天下”转变，银行业务的开放共赢心态更加凸显。银行面临的流量诉求和留住客户的压力，加速了银行通过技术手段实现跨界融合的进程，使得银行间、银行和非银机构间，甚至银行和跨界企业间的数据共享与场景融合蓬勃发展。

银行业务方向趋向底层化

未来银行在开放平台模式下，仍然提供底层账户管理和存贷汇等核心功能和基础服务。以往中间业务是银行的附属业务，现在中间业务将成为银行业务的新增长点，中间业务将赋能其他业务，“银行即服务”模式逐渐成熟。以银行为例，其持有的金融数据主要可以分为三类：公开市场数据，即金融市场、金融产品的数据，如汇率、利率、汇款费用等；经授权后可共享的用户数据，即用户在银行享受金融服务的过程中而产生的与自身相关的数据，如用户账户信息、用户账户交易记录、用户信用记录等；银行内部数据，即银行的业绩表现，如净资产收益率、总资产周转率、EVA（经济增加值）等。（周科，2018）通过将银行的数据、算法、交易、风控、流程和其他业务功能开放给生态系统内的第三方，银行得以构建新的核心能力，银行的业务模式及价值链将得到重塑。此时，银行退居底层，银行的营收增长将更多地通过对关键资产的共享、利用和连接来实现，银行将可能成为金融业的最大的基础设施平台。

组织架构亟须整合

传统银行的组织架构多采用总分行的集中管理体制，组织机构冗杂，阻碍了银行创新的步伐。一些银行已经开始着手进行组织架构的调整。银行在组织架构上的创新发展主要有两条路径：一是内部部门整合，二是外部独立运作。

艾尔弗雷德·钱德勒（Alfred Chandler）在《战略与结构》一书中指出，企业的经营战略要适应环境的变化，而组织架构要随着战略的变化而变化，这明确了组织架构要服从战略发展。在组织架构设计和调整时如何体现客户导向，最为直观的就是按照客户群体进行部门设计，围绕目标客户需求进行板块划分，打破“部门墙”。

开放银行对银行生态圈的影响

数字经济时代的到来，使得整个金融市场的格局将发生变化，银行这一重要的金融市场主体必须求变以求生存。从整个生态的角度来看，打破信息孤岛，整合数据信息，将有利于金融市场的发展。

金融科技公司具有数据积累和挖掘方面的优势，可以助力银行大大降低交易成本，拓展客户。传统银行作为客户结算和基础金融服务提供方，应该有管理地开放客户信息和交易数据，与海关、工商、税务等部门共享、互换数据，完善银行自身的数据库，并与金融科技公司的数据交流合作，充分利用双方各自的数据优势，做好数据搜集和积累。在此基础上，银行应利用大数据、云计算等技术进一步洞察客户，分析客户需求，甚至是预测市场动向，构建银行数据服务体系并且促使其良好运作，不断适应客户需求，增加客户黏合度，拉近银行与客户之间的业务关系。开放银行背景下，银行的战略是“平台制胜”战略，银行和银行、银行和互联网公司乃至银行和其他跨界竞争者将不再是“零和竞争”的关系，而是可以利用各自优势开展协作创新、共同成长的伙伴。

银行、消费者与第三方提供商的三方共赢

第三方提供商：促进创新，降低成本，提高效率

软件应用开发者可以重新利用 API 提供方的现有功能和数据源来改进自身的产品，而不必提高自身的 IT 系统效率并满足合规要求，这降低了产品应用的开发成本并加快了产品的上市速度。对于 API 提供商而言，这创建了一种价值创新的合作模式，在此模式下，合作的各方可以创建一种更广泛的分销网络，降低第三方的创新成本。

除银行以外的放贷组织，只能根据它们所掌握的客户与自身机构所发生的金融行为而产生的金融信息，为客户做出放贷风险评级，比如小额贷款公司、消费金融公司、担保公司等如果没有很强大的集团公司作为背景，其数据来源因为缺少客户银行账户信息等作为支持，所掌握的数据将十分局限，无法对客户的风险信用评级做出最佳判断，因此无法做到对客户的金融产品给予最合理的定价。第三方平台的开发者，可以通过访问银行的数据，并且以一种安全、清晰的方式将其与共享的客户数据很好地进行融合，进而快速、高效地研发出更加优质的新产品、新服务。

消费者：帮助消费者做出最优选择

通过开放数据给客户，客户可以了解自己账户的具体、详细

信息，客户基于他们所了解的所有信息，在不同的银行账户之间做出比较，选出最适合自身情况的金融产品，并且可以更好地管理其金融财务状况。这样一来，客户可以节省在不同银行账户之间进行转换的费用，同时，可以更好地管理自己的信用状况，避免因透支而产生的信用成本。例如，荷兰银行集团（ING）将在法国和意大利市场引进资金管理平台 Yolt，Yolt 是荷兰银行集团于 2017 年 6 月在英国上线的一站式个人资金管理平台，通过 Yolt App，客户可以在同一手机界面统揽不同银行开立的所有账户信息和交易记录，这是荷兰银行集团建立泛欧洲资金管理平台战略的重要组成部分。这可以说是银行在为客户提供统一的账户管理方面的新实践，客户可以在这个平台上管理自己的多个账户的资金。开放银行在为客户提供资金管理方面则又往前迈进了一步，客户与银行之间没有第三方平台，客户可以直接根据自己从银行所了解到的金融信息，管理自己的账户与金融资产，降低了信息流通的成本，缩短了客户做出决定的时间周期。

银行自身：增强综合性的产品服务与渠道创新

随着银行开放 API 接口，一种新的银行生产方式或将诞生。传统银行的运营大多是封闭式的，银行围绕开发产品、营销获客、风险管理、后期维护等全链条开展独立运作。开放银行阶段，银行将自己置身于一个完整的商业生态中，银行的各个业务环节都将充分地开展外部合作，对每个环节都可以投入较之前更高的生产力，银行的整个商业链条将重新整合，银行的价值链将得以重塑。

传统银行产品的生产过程离客户较远，营销渠道不顺畅，客户需求传导到产品研发耗时、耗力。目前，对于银行自身的产品在其他银行的网络平台或是其他第三方平台上销售，监管机构尚没有给出明确的监管方向。开放银行通过创建一个标准化的共享服务模式，使银行渠道不需要借助第三方来被动创造与开发，银行由被动转向主动，通过主动扩展银行服务范围，提高银行服务能力，通过 API 开放向银行即服务方向转型，以此来增加银行产品被触达的可能性。例如，银行可通过 API 开展营销社交，增加银行品牌宣传力度。营销社交是通过社交的手段达到营销的目的，当人们通过发送照片、音频、文件等一系列方式开展社交活动的时候，无形当中增加了自己的曝光率。

开放银行通过开放接口给一些社交网站，使得用户可以通过社交网站调用银行的接口，社交网站拥有丰富的用户资源，可以大幅度增加银行的流量与曝光度，为银行的客户营销提供基础与入口。

更进一步，银行可以建立自己的用户社区，增加品牌知名度，提高用户忠诚度。开放银行时代，银行可以及时、全面掌握客户需求，随着技术能力的提升，银行不再局限于存、贷款业务，涵盖存、贷、汇、理财在内的综合业务是产品创新的方向，银行通过不断丰富产品种类和产品组合，持续提高用户黏性。通过重新构建银行整体服务生态，综合性的捆绑式销售更具可能性，消费者可以通过一个平台或入口来比较不同机构提供的服务，进而做出最优选择。另一方面，银行可以将授权其他组织通过 API 访问其业务作为给特定客户的增值服务点，比如美国的 Salesforce 公司允许通过 Web 服务进行集成 API 的业务，而这仅适用于部分客户，Salesforce 通过有限制地服务开放与特定收费模式，为自身带来了 50% 的收入增长率。

降低机构内部成本，提高内部管理效率

提高财务管理效率

开放银行背景下，将有助于提高机构的内部财务管理效率，节省企业的记账时间。日常的会计工作相对烦琐、耗时且存在效率不高的问题，企业的财务人员需要手动录入会计信息，不仅浪费时间而且会计信息质量也难以保障，如果没有良好的内部控制制度及外部审计，会计信息的真实性、及时性、准确性都会受到不小的挑战。近年来，随着人工智能等信息技术的崛起，会计的信息化、智能化成为会计行业发展的趋势。高德纳咨询公司预测，到 2020 年，40% 的大型企业将采用 RPA（软件流程自动化）工具，财务机器人的普及应用会造成大量财会人员（至少 60%）下岗或转岗。目前，国际四个会计师事务所相继推出财务机器人软件，国内的金蝶和用友软件公司也相继发布了云服务财务机器人。这些财务机器人可替代财务流程中的手工操作（特别是高重复的）；管理和监控各自动化财务流程；录入信息，合并数据，汇总统计；根据既定业

务逻辑进行判断；识别财务流程中的优化点；部分合规和审计工作将有可能实现“全查”而非“抽查”等。

开放银行将加速这一会计改革进程，银行可以共享企业与其发生的日常往来的财务信息，此时，企业只需授权银行将自身财务活动所涉及的银行信息共享给企业的记账平台，记账平台上企业的会计信息就会自动更新，并不需要人工录入。如此，将大力降低人工成本的同时提高会计工作效率，保障会计信息质量。

加强银行内部协调，降低银行业务创新成本

目前，银行内部存在 IT 部门与业务部门脱节的情况，IT 部门更多地考虑整个银行 IT 系统的安全性、可靠性，忽视了公司的成本和收益。通过内部 API 的构建，使得整个银行 IT 系统“轻量化”，为非 IT 人员使用这些 API 围绕自身的需求，在某些领域内达成其想要的构想提供可行性，从而方便了银行 IT 部门与业务部门的沟通协调，共同构建以业务需求为导向的 API，通过及时调整银行 IT 架构，为产品创新提供保障。

由于 API 支持访问信息系统的新方法，因此意味着新的工作方式。API 方便了从企业范围之外开启系统访问。比如外勤现场人员可以在智能手机上访问企业网络时访问实时数据，销售人员可以允许客户直接从客户家中订购产品。使用 API，可以更轻松地将数据与现有解决方案集成，不需要花费更高的成本在信息系统中插入新的软件。

提高金融监管效率，维护金融业稳定

近年来，随着金融科技新兴技术的应用，在提高金融效率的同时也增加了金融风险的发生。尤其是一些新型的放贷组织，审核速度快、放贷及时，这类组织的申请人群通常因缺乏征信信息而带来了巨大的信用和欺诈风险。同时，金融科技产品往往同时具备金融属性和科技属性，一些市场主体的线上化操作，容易通过互联网无边界的运作模式导致跨机构、跨市场、跨行业的风险波及，加大了系统性金融风险的发生概率，加快了金融风险传播和跨界传染，这对金融监管提出了巨大挑战，尤其是金融监管协作方面。

金融监管者的监管资源、监管框架和监管能力需要与时俱进，金融监管机构需要掌握更多的数据来实时监测金融风险。银行账户作为人们开展金融活动的基础，金融监管机构可以通过观察账户的异常交易情况来识别欺诈风险等。开放银行模式下，银行通过开放客户的金融交易数据给监管机构，监管机构可以掌握到大量的金融交易信息，进而提高监管的有效性。此外，开放银行模式在提高监管效率的同时也会带来一些其他监管问题，这也倒逼金融监管机构及时调整监管思路，兼顾风险与创新的平衡。

在我国金融业分业经营的体系下，各个金融主体之间相对孤立，金融业务的综合性较差。回顾金融业发展的历史，在21世纪第一个10年的中期，我国开始进行金融业综合经营的试点。

这些混业经营的业务在增加金融机构业务多样性和竞争的同时，也放大了道德风险和利益冲突，对金融机构自身的风险管理和金融监管形成了挑战，带来了跨行业、跨市场、跨区域的风险传递。为了防范混业经营的风险，应当坚持总体分业经营为主的基本框架，不鼓励发展混业经营。目前，我国的商业银行经营采用分业经营的模式，分业经营是金融支持实体经济、防范金融风险的根本。2018 年 4 月，央行、银保监会、证监会、外汇局联合发布《关于规范金融机构资产管理业务的指导意见》（以下简称《资管新规》），为我国资产管理行业尤其是银行资产管理业务提出了新的监管要求。《资管新规》的发布限制了银行通道业务的发展，堵截了金融风险在银行与基金公司、证券公司、保险公司、信托公司、期货公司等之间的传递。在商业银行内部，规定了商业银行需要设立独立子公司来开展资管业务，充分实现风险隔离。开放银行作为银行业的一种创新机制，正是顺应了金融业分业经营的监管框架，通过开放 API 的形式实现银行与其他金融主体的有效合作，在促进银行创新的同时，可以很好地避免金融风险的交叉传染，降低系统性金融风险发生的概率。

促进银行规模化发展

开放银行的 API 技术，是一种特定的软件架构方法，API 接口是可扩展、可重复利用和安全的，同时通过提供自助服务方便开发人员使用。正因为如此，系统之间接口的成本和交付时间得以大幅度降低，从而在更大规模上实现更快速、更便捷和更有效的创新。通过 API 接口，银行可以增加触达客户资产的通道并与生态中的其他主体共同为客户创造价值，生态中的共同参与方将与银行共同分担成本，规模经济效应得到放大，主要体现在以下几方面：一是银行可以减少自身在生产设备等基础设施上的投入；二是银行的专业化分工使得银行经营效率提高；三是银行的抗风险能力将增强，系统性风险发生的可能性减少，风险成本将得以降低。另外，银行通过规模化构建并开放 API，使得银行的服务能力进一步增强，可以在低成本的情况下允许第三方在其上开发 App 或网站，甚至可以大规模地提供短期的一次性产品和服务。

增强金融市场的有效性

一个有效的经济市场需要满足如下几个条件：投资者有足够的理性，即“理性经济人”假设；市场上的参与各方能迅速同时对市场信息做出反应；公平的竞争环境；较低的提供商转换成本；较低的新提供商进入门槛等。信息割裂将会对一个市场的有效运作造成极大的负面影响，因此，促进金融市场上的信息在各参与方之间自由流通，将有助于形成有效的市场，促进市场资源的合理分配。

国外政府采取一系列措施促进信息的自由流通。在 2014 年的财政预算中，英国财政部宣布与英国最大的银行达成协议，它们将以标准格式向客户提供其交易历史数据，旨在帮助客户通过比较不同的银行账户，选择最适合自己的银行开户。数据之间实现了互通，银行可以把它的服务开放给更多的合作伙伴，包括支付账户、融资、理财等能力嵌入各种场景中，就具备了间接服务这些客户的能力。这些客户原本不是银行的客户，但是通过开放银行的生态可以触达。银行通过 B2B2C，甚至 B2B2B2C 的形式对接到更多个人客户，银行的服务半径得以延展，覆盖到原来偏远地区的农民、小微企业等，实现商业形态的互补，金融资源的配置效率与公平性都将提高，使得多方达到共赢的格局。

在开放银行生态中，B2B 的服务合作模式将会得到深化。B2B 生态的关键在于生态中机构间的融合性和连通性，API 技术为 B2B 生态的构建提供了技术方面的可能性，减少了技术摩擦。根据 2016 年大勇公司（SmartBear）发布的《2016 年 API 调查报告》（State of API Survey Report 2016）显示，41.4% 的受访者认为在评估使用 API 的可能性时，API 与现有工具的集成是其首先关注的问题；39% 的人则表示良好的产品或服务之间的互动是他们次之考虑的问题。

金融行业是一个具有高门槛的行业，金融资源依然聚集于一些大型的金融机构，再加上国家对金融业的严格监管，初创公司想要与其竞争，存在着很大的竞争壁垒。API 提供了一种可行的方式，可以通过解耦和公开业务流程来提高银行开展业务的敏捷性。通过 API 可以提高银行与合作伙伴之间业务程序的互通性，消除人为错误，提高内部效率，开拓新的分销渠道。

另外，开放银行可促进普惠金融的发展。金融机构经营往往遵循“二八法则”，侧重于服务大型企业和城市高收入人群，而处于长尾市场的小微企业和农村客户得不到有效的金融的服务。普惠金融是全方位地为社会所有阶层和群体提供服务，而普惠金融的广泛包容性，在客观上决定了普惠金融业务具有风险大、成本高、收益低三大特征，这使得金融机构在推进普惠金融发展方面动力不足，而大数据、人工智能等数字技术的发展，消除了时间和空间的限制，促进了信息共享，降低了交易成本和金融服务的门槛，有效扩大了金融服务的覆盖面，为普惠金融服务提供了新的思路。数字普惠金融是以数字化方式提供的普惠金融服务，其前提是金融服务机构可以掌握大量的数据，开放银行模式下，各个机构间的数据实现了一定程度的共享，数据割裂的情况有所缓解，使长尾市场的边际成本大幅降低。此时，银行服务的对象将不局限于自身的客户，实现了从服务客户到服务用户的转变，银行的“触角”将渗透到社会的方方面面，普惠金融得以践行。

金融科技与开放银行相得益彰

金融科技对金融业的深远影响已经初现端倪，在提高金融行业效率、拓宽金融行业服务范围方面发挥了重要作用。很多业务最早都是由科技公司先提出一个相对可行的技术概念，有了相应的技术手段和系统开发框架，再加上金融机构率先的落地配合，之后随着应用深度的逐步扩展，成就一种新型的金融模式或生态。银行是金融体系最基础的组成部分，可以提供支付结算、存贷款等资金融通方面的基础金融服务，并且与客户的连接也最为紧密、牢固。如表2.4所示，银行的发展历程伴随着银行的信息化变革，技术驱动因素由计算机技术发展到现在以人工智能、大数据为代表的金融科技新技术，随着金融科技的不断渗入，银行开始拥抱技术创新，并由原来的后台创新模式演进到现在的服务创新模式。

开放银行通过迫使银行在用户授权之下共享消费者数据，提高银行业竞争，给更多机构平等机会参与竞争，与金融科技发展相得益彰。银行4.0的开放银行阶段，银行的核心竞争力是优质金融服务的提供。

表2.4　银行信息化变革阶段

序号	阶段	驱动因素	主要技术	竞争主体	产品
1	后台创新	管理	计算机	商业银行	电算化、数据大集中
2	网点创新	技术+需求	信息通信	商业银行	ATM、网点电子设备
3	渠道创新	技术+需求+竞争	宽带、移动互联网	商业银行、互金企业	网上银行、手机银行
4	服务创新	技术+需求+生态	人工智能、大数据等	商业银行、互金企业	开放银行

虽然开放银行是“顶层设计”的产物，但是从银行角度来

看恰是银行数字化转型的新实践。从需求端来看，随着金融科技的深度应用，消费者获得服务、信息和产品的方式正在不断改变和重塑，主要体现在三个方面：一是用户行为和期望发生了极大的改变，用户对产品和服务的即时性和便捷性要求越来越高；二是有关用户的行为信息和与用户的触达点都从线下转移到了线上；三是用户转换服务提供商的门槛越来越低，用户的忠诚度极大地取决于产品和服务是否满足其需求。

如果银行以开放银行为契机将银行打造成服务或平台，即 BaaS 或 BaaP，那么背后的金融科技或许是最重要的驱动因素。以往银行的关键技术架构是以产品为导向，并不是以客户为导向。银行在向以客户服务为导向的转型中，需要采用金融科技进行技术架构调整。

一般认为，金融科技领域关键底层技术包括大数据、人工智能、互联技术（以物联网为代表）、云计算、分布式技术、安全技术（以生物识别技术为代表）等。大数据是金融科技最底层关键技术，其涵盖了数据的搜集、存储、处理、分析和挖掘过程。互联技术侧重于大数据的搜集、传递等前期环节，通过移动终端或实物进行信息数据的获取与连接。云计算侧重于大数据的存储、处理等中期环节，通过公共数据资源配置为客户提供 IT 资源供应。人工智能侧重于大数据的分析、挖掘等后期环节，可以快速提高数据的价值转换效率，促进技术的价值形成和转化。分布式技术需要大数据、云计算、物联网、安全技术等作为支撑。

开放银行：大数据积累的新途径

割裂与分散是当前数据的典型特征，不同机构掌握着不同的金融数据信息，数据孤岛现象明显。银行业作为客户数据的重要持有方，掌握了客户大量的一手金融交易数据。大数据技术提供了全新的沟通渠道和客户经营手段，可以加深企业和客户的互动，更及时精准地洞察客户，帮助企业改变服务模式同时增强市场竞争力。

大数据在金融领域的主要应用场景

大数据在金融领域的主要应用场景：第一，用户画像。基于用户标签的判定、分类和验证，为客户构建用户画像，进行用户分析，主要应用的业务包括信贷风险评估、金融反欺诈、精准营销等。摩根大通首席执行官杰米·戴蒙（Jamie Dimon）在其2015年年度股东函中指出："硅谷的时代即将到来。有数百家创业公司拥有大量的人才和资金，致力于实践各种方案用以替代传统银行业务流程的各个阶段。比如贷款业务，通过使用大数据可以增强信贷承保阶段的效率，从而实现快速向个人和小企业提供贷款。"① 第二，建立客户知识图谱。根据行业、产品、企业和人的联系，形成客户关系图谱，用于进行管理分析和风控。知识图谱通过数据之间的关联，将碎片化的数据有机组织起来，使数据更加容易被人和机器理解和处理，并为搜索、挖掘、分析等提

① Citi. How FinTech is Forcing Banking to a Tipping Point. p14. 2016

供便利，为人工智能的数显提供知识库基础，主要应用的业务包括供应链金融、保险核保、反洗钱等。

开放银行与大数据相辅相成

数据共享作为开放银行的理念之一，通过与账户所在机构的第三方分享自身所掌握的金融数据，为用户仅通过一个接口即可享受到不同种类的金融服务提供可能。因此，开放银行不仅可以利用银行本身所掌握的数据，通过数据的开放共享，可以打通第三方的数据，有助于完整数据产业链的构建。同时，银行可借助新兴的大数据技术广泛收集各种渠道信息进行分析应用与风险管理，运用大数据进行精准营销、获客、风控，通过大数据模型为客户提供金融信用，进而辅助各项业务决策等。二者相互促进，互为助力。

第三方应用成为数据源泉

银行基于特定的数据分享标准，通过 API 接口，将银行所掌握的数据经过用户授权后开放给第三方，第三方拿到这些数据后可以通过创新产品、改善服务等为客户提供更便利的服务。同时，银行通过第三方（主要是一些金融科技公司）也可以掌握客户的多维度、深层次信息，而不仅限于客户同银行互动所产生的与借贷活动相关的金融信息。如此，银行所掌握数据的深度、广度、量级将呈现裂变级增长。可以说，开放银行模式下银行数据开放为大数据技术的应用提供了基础，使得大数据技术在提升银行效率、改进银行服务方面有了更坚实的数据源和基础。

银行服务在大数据之下的精准营销

传统银行触达客户的手段有限，无论是物理网点还是网上银行，均是通过银行自建渠道来完成对客户触达，获客能力有限。同时，传统的营销模式缺乏大数据的支撑，即使是在仅有的客户群基础上也无法做到客户需求的精准触达。随着大数据时代的到来，银行的经营理念将由以产品为中心向以客户为中心转变，转型的关键在于对用户需求的深度把握，利用大数据技术刻画用户画像，及时预测用户需求，为用户提供有价值的服务，是银行转型成功的突破点，主要体现在两方面：一是实现对存量客户需求的深度挖掘，二是扩大潜在增量客户的覆盖范围。

精准营销的目标是实现从“银行找客户”到“数据找客户”的转变，主要是依靠对客户画像的精准刻画。一般来说，用户画像刻画指通过跟踪用户的行为，深刻把握用户行为背后的动机，形成用户的个体画像。银行业存储的用户信息较真实，数据质量较高，是刻画用户画像的重要来源。目前银行业存储的信息多是用户的身份证号、姓名、收入状况、财产状况及衍生出的信用状况等信息，对用户的社交行为、消费行为等信息存储较少，难免会出现对用户画像刻画的片面性。大数据技术，通过分析客户金融数据、行为数据等，了解客户的资产、盈利能力、支付能力、金融兴趣等特定信息对客户进行分类，实现全面动态多维的客户管理。同时，根据客户基本金融特征，及时把握客户需求，提供个性化金融服务，进一步提高客户的满意度和忠诚度。

开放银行营销的一个关键点是通过将用户转化为客户，扩大自身的营销范围。开放银行的营销路径将会沿着“为客户服务”到“为用户服务”的方向演进。银行传统的营销渠道只能覆盖与银行发生过业务往来的人群，覆盖面受到极大的限制。开放银行背景下，银行通过合作伙伴及开放银行生态中的其他参与者，使得银行与最终用户产生更多维度、更深层次连接，银行营销渠道得以大幅扩展。银行将逐渐掌握大量最终用户的数据，进而逐步增强对最终用户的服务能力，银行营销的“触角”将在毫无感知的情况下，延伸到最终用户，形成银行服务的增量。

银行风控进一步智能化

如果说《巴塞尔新资本协议》的全面风险管理（资本计量、监督检查、市场纪律三大支柱）是传统风控的体现，那么智能风控则是互联网、大数据时代风险管理实务的变革与创新。智能风控改变了过去以合规、满足监管检查为导向的风险管理模式，强调用金融科技降低风险管理成本、提升客户体验、数据驱动风控能效，实质上代表了一种精益风险管理思维。智能风控借助大数据技术大幅提高风控水平，数据驱动的风险管控与运营优化使得风险管理更具智能化。由于大数据的引入，金融机构能够获取更多维度的外部数据，像客户行为、电商消费、运营商数据、地理位置、购物习惯等。与传统金融数据相比（如央行征信、交易流水、资产状况、财务报表等），虽然这些数据与客户违约本质上没有必然关系，但增加了风控模型的更多风险因子和变量，可以提升风险定价、违约率计算的效率与效果。

在商业银行中，智能风控组件多集成于电子银行、互联网金融等业务部门的后端平台中，作为业务系统的独立的规则或决策单元。开放银行的数据来源渠道大幅增长，银行所掌握的数据也更加全面，数据采集、数据加工处理、数据挖掘与分析等大数据技术应用全流程也更加顺畅，随着外部数据获取途径的增加，对于过去无法获取有效风险特征的人员或中小企业，风险数据得到有效的补充，从而能够为更多的场景、人群设计不同的金融产品，并为多种风险类别提供决策支持，如客户信用风险、抵质押品风险、异常交易风险、操作行为风险、机构行为风险、授信风险等提供决策支持。另外，征信数据是风控的重要来源，中国人民银行的征信系统是世界上收录人数最多、数据规模最大、覆盖范围最广的金融信用信息基础数据库，但是其主要以个人银行信用记录作为个人征信的评判标准，根据客户行为变化对其信用状况做出及时、动态调整方面受到制约，个人征信的维度有待扩展。大数据技术更大程度上发挥了征信功能的作用。数据的产生速度和流动速度越快，数据的集中度越高，征信系统就能越快速甚至实时地做出对客户偿债意愿和偿债能力的判断，在保证信息时效性、提升信贷效率的同时，也能更好防范金融领域中的各类风险。

智慧城市管理

传统的城市管理主要依靠事后管理模式，存在缺乏时效性、效率不高的问题。智慧城市管理需要运用新技术，尤其是大数据技术，建立起可视可控、全面感知信息、科学分析评估、智能管理业务、多元服务公众的信息服务平台，实现“感知、分析、服务、指挥、监察”五位一体的全链条智慧城市管理新模式，促进城市管理方向从定性变为定量，静态变为动态，单一变为综合，滞后变为实时，粗放变为精细，进而建立完善的长效管理机制。BBVA 等银行在其日常活动中可以产生大量关于公民真实交易的动态数据，通过这部分数据源，可以很好地了解发生在城市中的社会经济活动。通过详细了解人们使用公共服务的背后动因、使用服务的偏好时间段及地理位置等信息，有助于形成城市、地区、居民及其需求的动态愿景。Paystats 是 BBVA 提供的一个 API 接口，它以匿名的方式统计汇总了使用 BBVA 卡和 POS 进行的数百万笔交易，并创建了一个虚拟地图，使我们能够分析消费者的习惯以及其他变量等。[①] Paystats 可以方便使用者记录 ATM 上的电子支付和现金提取数据，并通过总体分析方式，衡量一个地区的经济脉搏和繁荣程度。在其他公共事业中，Paystats 可以找出不同程度的事件所产生的影响，为城市空间重塑、交通网络合理布局提供合理建议等。智慧城市管理正是需要基于这些数据，实现对城市居民行为的观察，以便发现城市管理漏洞并及时想出解决方案。可见，银行通过 API 接口开放数据并提供访问机制，可以助力智慧城市管理，改善城市环境、居民生活质量，并提高城

① https：//bbvaopen4u. com/en/actualidad/data-apis-essential-development-smart-cities

市经济发展的可持续性。

分布式技术的开放银行应用

PSD2 赋予消费者对于自身数据绝对的控制权，即只有经过数据拥有方即消费者自身的同意，其数据才可以被开放给第三方金融科技公司。但是由于授权过程可能产生数据泄露的风险，消费者往往缺乏授权自身数据给第三方使用的动力。如何才能给予消费者授权自身数据开放的动力？或许给予消费者对自身数据的自治权利，包括所有权、使用权等是关键。

当消费者完全拥有自身数据的全部权利，他们可以选择分享数据的时间、内容与对象，而且消费者拥有撤销数据分享的权利，当然他们也要承担相对应的风险。此过程中，对于消费者本身身份真实性的认定、防范消费者欺诈风险的发生，是首先需要解决的问题。开展有效、安全的消费者身份认证，为数据分享提供强力保障，可以有效降低信用风险，降低与消费者之间信用建立的成本。

分布式身份认证系统提供了关于消费者身份认证的解决方案。区块链技术是利用块链式数据结构来验证与存储数据、利用分布式节点共识算法来生成和更新数据、利用密码学的方式保证数据传输和访问的安全、利用由自动化脚本代码组成的智能合约来编程和操作数据的一种全新的分布式基础架构与计算范式。

传统的非分布式身份认证系统有中心节点，黑客一旦发起攻击，很可能造成系统崩溃。从这一点而言，基于区块链技术的分布式结构更加坚固。区块链技术以其独有的信任创建、维护机制，能够安全地验证银行间的客户信息并促进信息的同步更新，使人们能够随时随地解决“我就是我”的问题。在区块链身份认证系统中，第一次使用的用户在自己的手机应用里输入姓名、出生日期、证件号码等个人信息，用户到银行开户的时候通过手机应用认证这些信息。经过认证的信息存储在区块链的一个节点上并且得到确认，之后此用户去其他银行开户，就能直接从网上提交手机应用中的信息给其他银行并授权银行进行区块链认证，而且用户可以通过手机应用实时监控自己在区块链上的信息。

在开放银行阶段，一套完善的消费者身份认证机制是开放银行得以商业化运营的重要基础设施。基于区块链的身份认证系统可以很好地解决消费者身份认证问题，通过此系统中消费者之间的互相监督的信任机制，降低了第三方机构与每个消费者建立信任的成本。同时，金融风险承担方由原来的第三方机构或金融机构部分转移至消费者，也因此降低了机构的合规风险成本。身份认证系统可以在几分钟内准确地向机构授予消费者对相关数据的安全查看访问权限，消除由于快递或邮政等服务导致的时间延迟，并显著加快交易时间。可以看出，区块链技术在身份认证系统中的应用，对于提升开放银行效率、降低开放银行运营成本有十分明显的作用。

人工智能技术的开放银行应用

德勤全球银行和资本营销咨询公司的负责人罗布·加拉斯基（Rob Galaski）表示，在开放银行环境中，聚合器将位于金融账户数据源之上，并为客户提供一个从与银行有业务往来的不同机构中获取数据的位置。该模式主要建立在快速、高效、可比的结果上，因此人工智能将成为其核心驱动力。

智能反欺诈

在移动支付时代，金融交易大多通过线上实现。在金融交易便利提速的同时，潜在的金融交易风险如欺诈风险具备了多样化、快速化、高频化的特征。一味地增加验证手段，强化交叉验证的方式，已经不能满足线上金融交易的需求。在开放银行时代，银行通过开放数据与第三方共同打造生态，二者所利用的数据均将呈现指数级增长，数据所覆盖的广度和维度将得到大幅提升，与此同时，金融交易的频率必将增长，潜在的欺诈风险也将扩大化。人工智能技术通过从大量非结构化数据中提取关键点来分析客户和员工的行为，进而识别潜在的交易欺诈并降低风险。除了授权验证外，通过机器学习等技术的深度应用，可以开发智能风控系统。智能风控系统可以挖掘金融交易的事前、事中、事后阶段的风险点，并有效结合用户授权阶段的风险点，在交易中采取相对应的措施，为用户带来安全的交易体验。

另一方面，得到用户的授权是开放银行一切金融活动发生的前置条件，如果出现未授权支付等情况，则危及整个开放银行体系的安全与运行机制，潜在的欺诈风险也将前移。生物特征为人体固有的特征，具有唯一性，是行之有效的身份验证手段。生物识别技术在开放银行客户授权中的应用，将会提高整个授权过程的安全性和效率。

创新金融产品

在开放银行的大趋势下，传统银行难免会对部分传统领域失去掌控力，但它们也会收获一个更加广阔的行业利润池，而且有机会成为其中的主导者。开放银行阶段，随着银行与客户接触面的扩展，客户需求的多元化对银行提出了挑战，并且客户对金融服务的要求越来越高，他们已经不在乎是哪家机构为他们提供服务，更看重的是享受到服务的便捷性与质量。谁愿意率先对外部积极开放数据、抢先提供客户需要的创新产品，包括各种增值服务，如预算管理、支出分类等功能，谁就能够获得先发优势。银行的中间业务在开放银行趋势下将会占据越来越大的比重，比如在智能投顾领域，智能投顾平台大多采用银行自建或者金融科技初创企业单独建立的途径，二者之间不免存在数据割裂的现象。依托大量金融客户的先发优势，银行在智能投顾领域的竞争力较强。银行在开放的趋势下，二者的资源能力将得到进一步整合，传统银行触及不到的长尾客户也将成为银行的潜在服务对象，进而扩充银行的利润空间。但是这对银行的技术能力也构成了巨大的挑战，而对长尾客户财富管理需求的精准把握、营销及资产配置，都需要人工智能技术作为强大的支撑。

智能监管

开放银行推动银行金融服务渗透到老百姓日常生活的方方面面，具有服务场景化、业务扁平化、参与多元化、能力综合化的特点，成为商业银行提升获客能力、增强用户黏性的新途径，对于促进银行业转型升级、更好地服务实体经济具有重要作用。开放银行在有效提升银行金融服务效能的同时，也使得风险敞口更多、风险管控链条更长、风险洼地的效应更加明显，风险的形式出现了新的特点、新的变化。

数据泄露风险方面，开放银行连接了服务的提供方、交易发起方等众多主体，数据泄露风险增多，任何一方数据保护存在薄弱环节，都可能危及金融数据安全。一旦开放银行服务接口存在设计缺陷或权限设置不当，恶意攻击者就可能非法获取客户数据，应用方也可能违规使用交易信息。网络安全风险方面，依托互联网渠道向客户提供服务，开放银行接口具有公开的共享属性，被恶意调用并发起拒绝式服务攻击，可能导致商业银行业务系统服务不可用，造成业务连续性中断，开放银行接口服务属于外部服务，面临着访问漏洞等外部应用安全风险。业务开放风险方面，从业务流程再造角度看，为提升开放银行业务灵活性，商业银行将现有业务流程拆分，分装为多个业务接口，控制不严，将会导致业务流程无法按照预期执行。外部风险方面，开放银行促使商业银行与其他行业合作更加紧密，对商业银行外部合作方的管理提出了新的要求，在事前如果缺少健全的准入机制，将导致资质不佳的合作方浑水摸鱼，增加风险事件的发生概率。

鉴于此，基于人工智能的监管科技可以强化监管机构对开放银行风险的认知，确定新的监管规则，与现有监管体系形成很好融合的同时，强化开放银行的合规管理。通过采取系统嵌入、应用对接等方式建立数字化的监管协议，搭建开放银行的统一管理平台，推动监管模式由事后监管向事中监管转变，不断提升金融监管的专业性和穿透性。

物联网在开放银行中的应用

几乎每一个市场预测都显示，物联网行业在未来10年将增长到万亿美元以上。市场研究机构物联网分析公司（IoT Analytics）的一个更保守的估计认为，到2025年，物联网行业将增长到1.6万亿美元。物联网能够将设备连接到互联网并使其相互连接，同时这些设备能够根据所收集的数据对情况做出响应。根据美国电缆电视协会（NCTA）的数据，到2020年，联网设备的安装数量预计将增长到500亿台以上，比2012年增长近500%。

对于消费者而言，物联终端设备可以及时跟踪消费者的日常行为，市场研究机构沃克·沙公司（Walker Sands）的一份报告显示了2017年美国家庭中各种联网设备的拥有量，智能手机、平板电脑、流媒体设备排名前三，除此之外，家庭自动化和智能音箱也是比较受欢迎的物联网设备；对于企业而言，以物联网为核心的大规模工业项目正在逐渐落地应用，物联网分析公司汇编了一份由1 600个已知工业物联网项目组成的列表，并按照应用占比对其进行排名，前三名分别是智慧城市、联网工业和联网建筑。无论是面向消费者还是企业，物联网设备本身会产生大量数据。随着物联网市场的急剧增长，物联网产生的数据量将是巨大的。国际数据公司（IDC）表示，物联网设备产生的数据目前正从2013年的0.1ZB增长到2020年的4.4ZB，根据这一估计，物联网设备生成的数据在短短7年内增长了近50倍。物联网产生的数据由于是真实场景的反映，与其他来源的数据相比，其在客观性、真实性、全面性方面具有不可比拟的优势。

物联网终端设备将每天产生的源自真实生活的场景化数据通过API线上化，为银行分析用户行为奠定基础。软件测试上，大勇公司在2016年进行的一个调查结果显示，44%的API提供商认为物联网将成为未来两年推动API增长的最大动力。开放银行背景下，银行需要物联网技术的支撑以助力其对更多产业生态进行连接、变革银行的信用模式、防范经营风险等。物联网在开放银行中的应用源自物联网金融的发展。物联网金融以物联网技术为依托，是金融机构为客户提供的一种金融服务，更多强调生态系统的概念。金融机构要和客户处于一个生态系统中，这样银行才能掌握物联网中产生的信息，进而利用这些信息为客户提供金融服务。互联网金融的特点是流量制胜，而物联网金融更多是倚重生态系统和数据的获取与挖掘，强调的是生态系统的概念，金融机构要和客户处于一个生态系统中，这样银行才能掌握物联网中产生的信息，进而利用这些信息为客户提供金融服务。

目前，银行业金融机构基本是通过调研来了解企业的运营状况和财务情况，进而进行信用评级。由于缺乏对实体企业信息的有效掌控，银行开展信贷业务存在较高的风险。银行通过开放连接了众多第三方金融科技公司，进而连接了大量的场景，开放银行的整个生态得到大幅延展。也正因为开放银行生态参与者的众多，物联网技术为整个生态提供了一种端到端、更直接的连接方式，使得生态链条最前端、最接近业务真实场景的数据信息客观、及时地被整个生态的参与者掌握。同时，银行在开放 API 的背景下开展业务，其风险管理阶段呈现前置化的趋势，动产质押、贷后催收等风险管理手段将逐渐淡化，风险管理更依靠事前、事中的风控手段，因此，对用户行为的把握显得尤其关键。在物联网时代，银行可以利用物联网技术实时掌控贷款企业的全部运营过程，包括采购渠道、生产过程、成品积压、销售情况，甚至用户使用情况等，有利于及时调整贷款进度和额度，帮助银行开展贷前调查、贷中管理、贷后预警，降低违约风险，提高风控水平。

开放银行不是银行

开放银行虽然包含“银行”字眼，但并不是一种新型的银行。开放银行仅是开放 API 的一部分，与数字银行、互联网银行以及虚拟银行有本质区别。

开放银行与开放 API

API 是控制一个应用程序如何与另一个应用程序通信和交互的一组需求。开放 API 是一个公开可用的应用程序编程接口，它为开发人员提供对专有软件应用程序或网络服务的编程访问，它是银行进行数据共享的方式。

开放 API 具有两个特征：第一个特征是可供开发人员和其他用户使用，但是要求向提供 API 的服务主体进行注册；第二个特征是通常基于开发人员遵守的开放标准支持访问开放数据，允许私有组织之外的开发人员访问后端数据，然后这些数据可以用于增强其自己的应用程序或创建新的应用程序。

API 管理平台阿皮吉公司（Apigee）的构建者将开放 API 的价值主张总结为三点：第一点是突破性创新。通过利用世界各地成千上万的开发人员的创造力和专业知识，利用开放 API 来创建应用程序实现创新。第二点是利基市场。一个公司可能有一个地理或人口的利基，代表了一个新的业务价值主张。但它可能没有资源或预算来将价值主张引入这些利基市场，利用开放的 API 程序，任何开发人员都可以创建一个应用程序，为自己和 API 提供者生成新的价值。第三点是直接激励。直接的方法可能是运行一个竞赛或黑客松[①]，以及针对 API 构建的奖励，谷歌会定期这样做。这种方法将研发预算和资源扩展到业务范围之外，并在更大范围内刺激创新。

开放银行与直销银行、数字银行等的区别

我们经常听到直销银行、数字银行等说法，这些描述往往是指银行，与开放银行刚好相反，因为开放银行并不是银行。直销银行也被称为无分支银行、虚拟银行、网上银行或互联网银行，是没有任何分行网络的银行，早期通过信件、电话、邮件、ATM，后来通过互联网或终端传送服务。国外直销银行诞生于 20 世纪 80 年代末，在利率市场化的背景下，能极大降低运营成本的直销银行受到了市场的广泛关注，并由此产生了多种模式。国外直销银行用独立的法人资格独立经营，而不是作为大银行的独立部门存在，并且具备功能齐全的银行牌照。

随着互联网技术、移动互联网、大数据、云计算等技术的发展，国外直销银行经历了不同阶段的发展，并呈现出不同的产品特点和渠道特征。直销银行、互联网银行、数字银行、虚拟银行虽然称谓不同，但其实质体现了新技术在银行业的不同应用水平

① 黑客松（hack day、hackfest 或 codefest）是一个类似设计冲刺的比赛，计算机程序员和其他参与软件开发的人员，包括图形设计师、界面设计师、项目经理和其他人（通常包括领域专家）密切合作进行软件项目开发。

和发展模式创新。详见表 2.5。

表 2.5　国外直销银行发展的三个阶段

发展阶段	直销银行 1.0	直销银行 2.0	直销银行 3.0
驱动因素	利率市场化，互联网技术萌芽	互联网技术飞速发展与商业化	移动互联网、大数据和云计算、人工智能等新技术爆发式发展
产品特点	以存款、消费贷款等基础产品为主，合同签署、支票存汇等常用服务通过邮寄方式实现，安全性和时效性不足	产品与服务创新涌现，产品种类与组合不断丰富，以满足更广泛的客户需求为主	产品线进一步丰富，以优化客户体验和提升运用效率为主
渠道特征	以电话、邮件为主，逐渐向互联网渠道推进；自建和合作建立 ATM 网络，弥补线下渠道缺失	逐步向以互联网渠道为主，"线上 + 线下"模式进一步发展	无实体柜台、网店，完全基于手机 App 等移动互联网渠道，以为客户提供更加便利的服务体验为核心
银行动态	主要由传统银行设立	信用卡、汽车销售商等加入者增加	金融科技公司加入者增加，进一步明确细分客户定位，通过新技术创新与模式创新进一步提升客户体验

数字银行是直销银行发展到 3.0 阶段的模式选择，在英国也被称为挑战者银行，在美国被称为新银行（Neo Bank），与 2018 年中国香港推出的虚拟银行类似，虽然称谓有所不同，但是享有相似的理念：纯线上经营，不设物理门店且无分支银行，利用数字技术将传统银行的业务和流程迁移到线上，利用数字化分销渠道来提供存取款、转账、账户管理等业务的新型银行。数字银行没有传统银行烦琐的 IT 系统，更加以客户需求为中心，能够为

客户提供体验更好的服务。数字银行的设立主体一般包括传统银行和金融科技公司。

虽然都专注于客户体验的革新，但数字银行与开放银行存在本质的差别。数字银行是一种新型银行，采用纯线上经营，强调的是利用互联网、大数据、人工智能等新技术对传统银行部门分销渠道和营销方式的数字化革新，为客户提供在线金融服务，服务趋向定制化和互动化，银行结构趋向扁平化。国际领先的银行，例如花旗银行、富国银行、美国银行在2012年就开始了数字银行的建设。开放银行是一种平台化的商业理念，以API为主要技术手段，旨在构建出新的银行服务生态系统，并在该生态系统中形成新的商业模式，创造新的盈利点。开放银行并不是一种新的物种，它是在基于互联网的银行3.0阶段上发展起来的，是银行践行互联、开放、合作、共享理念的一个新的阶段。

第三章

开放银行实践

国内外开放银行实践

国外开放银行举措

国外许多银行和金融科技公司都在采取一些战术举措来实践开放银行业务模式，如下表3.1所示，目前主要有一些应用广泛的举措。可见，开放银行业的战略不存在放之四海而皆准的模式。无论银行遵循哪种选择，开放银行都将从根本上改变银行业。随着银行成为数字生态系统的组成部分，银行产品的分布将发生变化，最终在正确的环境下对最终客户变得更有价值。

表3.1 开放银行实践举措

举措	简介
建立API市场	对于许多银行来说，成为金融科技应用程序商店是首选方案，可以保持对客户关系和客户数据的控制。BBVA在其API市场率先采取了这一举措，后续有了一些追随者。北欧银行（Nordea Bank）最近宣布将推出一个功能齐全的开发门户和社区中心，作为其开放银行战略的第一次迭代。此举使北欧成为第一批公开声明其开放银行业务愿景的国家之一。这种方式不仅限于大银行，斯塔林银行（Starling Bank）正在推出自己的API市场。斯塔林银行的开放API使第三方能够访问客户数据，并在斯塔林银行平台的基础上构建产品和服务，如聊天机器人、消费分析或与物联网的连接

续表

举措	简介
账户聚合器	根据欧盟 PSD2 中的 XS2A 规则，创建银行账户统一概述的能力是许多关键的战略可能性之一。瑞典金融科技初创公司 Tink（虚拟银行应用）等公司试图在 PSD2 之前通过“屏幕抓取”获得早期位置的例子，足以说明这一举措的战略意义。为了在开放浪潮中取得成功，背景相关的用户体验是至关重要的，仅仅以回顾的方式呈现汇总的账户余额是不够的。随着 PSD2 的实施，这很可能成为所有在线和移动银行服务的新常态，有效地将银行的注意力从试图成为客户的主要或唯一银行转移到试图成为客户最喜欢的银行
独立顾问	在账户聚合器的基础上，值得信赖的理财顾问还会使用其他来源的数据，如奖励和忠诚度积分、公用事业账单、保险、汽车总拥有成本等。全面了解日常财务状况的能力将进一步加强客户关系。芬兰的欧普金融集团（Op Financial Group）也在遵循这一策略，推出了一项电动汽车租赁服务。如果这些产品和服务是为客户建立和维护信任的最佳解决方案，那么寻求遵循这一举措的参与者还应该准备好迎接来自竞争对手的竞争性产品和服务
跨行业合作	韩国韩亚金融（Hana Financial）和 SK 电讯（SK Telecom）成立了一家合资公司，目标是开发一个移动金融服务平台。该合资公司旨在将 SK 电讯的移动技术和大数据分析与韩亚金融在金融产品和移动金融服务方面的经验结合起来，构建一个开放的金融科技生态系统。平台将提供各种各样的移动金融服务，如支付、汇款和资产管理。挪威银行和 SK 电讯之前试图在移动支付平台 Valyou 协作，以及波兰银行 mBank 发起了与法国电信运营商 Orange 合作的面向中小企业的移动银行服务
黑客松和众包	开放并允许经过批准的第三方在各种银行 API 上构建创新的解决方案，已经成为银行深度走向开放银行之前普遍进行尝试的选择。然而，黑客松不仅仅用于简单的探索。印度 ICICI 银行正在举办其第二季 appathon 移动应用开发项目，为参与者提供来自 ICICI 银行、IBM Bluemix、维萨和印度国家支付委员会的 250 多个不同 API。该项目旨在通过吸引全球的开发人员、科技公司、初创企业、科技创业者和学生，在移动和网络空间创建下一代银行应用程序

续表

举措	简介
银行－金融科技公司协助	几乎每一个开放银行计划都有金融科技公司与银行合作的元素。开放 API 允许银行组织整合金融技术创新，增强消费者参与度，改善客户服务，并比过去更快、更容易地扩大客户基础
银行即服务	对许多现有银行而言，成为批发供应商的想法被认为是最糟糕的情况。然而，对一些银行来说，这也是一个可行的战略选择。总部位于德国的 Solaris 银行是第一家为金融科技公司提供完全授权的银行平台的银行，该平台提供支付、交易服务、存款和信贷服务，以及合规和 KYC/AML 解决方案。乌克兰的 Privatbank 也通过 Corezoid 流程引擎提供类似服务。英国的 Railsbank 是另一家银行服务提供商，它为金融科技公司提供一系列批发银行服务，包括国际银行账号（International Bank Account Number，简称 IBAN）、接收资金、发送资金、转换资金、直接借记卡、发卡和通过 API 管理信贷
白色标签产品提供商	类似于将整个银行作为一种服务来提供，一些银行和金融科技公司合作，银行作为一种无声的白色标签产品和服务提供商，这些产品和服务通常需要银行许可证才能提供。值得注意的例子包括犹他州的 Webbank 向 Lending Club 和 Prosper 等 P2P 贷款机构发放贷款，以及为全球支付平台贝宝提供信贷额度，Webbank 在 1 500 万美元的利润基础上，股本回报率达到 44%。美国 CBW 银行在成为数字银行 Moven 最初的银行合作伙伴之前，也是一家不知名的地方银行
核心开放	为了构建一个开放的、数字化的银行，传统的核心银行系统往往被看作关键障碍之一。这些系统本质上是封闭和整体的，而开放的银行系统需要开放和实时处理。伦敦金融科技公司 Thought Machine 正是基于区块链技术构建了其核心银行解决方案，据说这种技术非常适合与开放银行进行交互。日内瓦银行软件公司坦密诺斯（Temenos）还建立了一个市场，以便通过使用坦密诺斯银行软件将金融技术提供商与金融机构连接起来

资料来源：Christoffer Hernæs. Open banking：What you need to know
ttps：//hernaes. com/2018/01/22/open-banking-what-you-need-to-know/

英国、欧洲等国和地区的开放银行以输出客户数据为主，这主要源自监管的要求。在中国，近年来金融科技的迅猛发展和民营银行对开放银行的积极探索，也使各大银行纷纷投入到开放银行的实践中来，但中国对银行业数据共享和开放的进程明显落后于英国和欧盟。中国的开放银行以功能开放为主，包括支付清结算、信贷、风控等，这是市场驱动银行的自发行为，是银行面对新的发展形势、积极开拓市场的有力探索。无论是国外对开放银行数据的推动，还是国内目前对银行服务的开放，共同目标是加强市场竞争，促进金融产品和服务创新，提升消费者获取的金融服务的质量。

国内开放银行实践

国内开放银行实践可以追溯到 2012 年中国银行提出的开放平台概念，但当时并未得到市场关注。随着金融科技的迅速发展，开放银行的概念重回大众视线。2017 年华瑞银行提出“把银行开在别人家 App 里”的开放构想，通过向对公客户提供 SDK 和 API，利用平台化的技术为企业打造集账户、支付、投资、融资、增值、营销、数据和客户服务等多功能于一体的综合金融服务解决方案。2018 年下半年开始，大型商业银行纷纷加快了开放银行转型的步伐，如表 3.2 所示。2018 年 7 月 12 日，浦发银行推出业内首个 API Bank 无界开放银行，将通过 API 架构驱动，全面开放银行服务、无缝融入社会生活、生产、管理的各个环

表 3.2　中国银行业金融机构开放银行实践

时间	机构	开放银行实践
2012 年	中国银行	发布中银开放平台，开放 1 600 多个接口
2017 年	华瑞银行	面向个人“朋友圈的银行”以及面向企业的华瑞银行开放平台（极限 SDK）
2018 年 7 月	浦发银行	推出业内首个 API Bank 无界开放银行。全面开放银行服务、无缝融入社会生活、生产、管理的各个环节，将场景金融融入互联网生态，围绕客户需求和体验，即可通过企业门户网站、企业资源计划管理系统、微信小程序、合作伙伴 App 等各种渠道调用银行 API，形成即想即用的跨界服务
2018 年 8 月	工商银行	将全面实施 e-ICBC 3.0 互联网金融发展战略，向“智慧银行”转型
2018 年 9 月	建设银行	计划 2019 年 2 月份，所有的银行服务功能将对外开放
2018 年 9 月	招商银行	宣布迭代上线两款 App 产品 7.0 版本——招商银行 App7.0、掌上生活 App7.0，将手机应用打造为一个开放式平台，在这个平台上，通过 API、H5 和 App 跳转等连接方式，实现金融与生活场景的连接
2018 年 10 月	众邦银行	推出“众邦银行开放平台”，标志着华中地区首家开放银行正式亮相，平台将重点在供应链融资、投资、账户、支付四个领域发力

节，将场景金融融入互联网生态，围绕客户需求和体验，即可通过企业门户网站、企业资源计划管理系统、微信小程序、合作伙伴 App 等各种渠道调用银行 API，形成即想即用的跨界服务。2018 年 8 月末，工商银行在其中期业绩报告中提出，将全面实施 e-ICBC 3.0 互联网金融发展战略，推进传统金融服务的智能化改造，向服务无所不在的“身边银行”、创新无所不包的“开放银行”、应用无所不能的“智慧银行”转型。2018 年 9 月 16

日，建设银行信息总监金磐石在中国银行家论坛上提出：要将包括商业银行、租赁、保险、基金等集团业务的功能和数据能力，以服务的方式向社会开放，按照计划，2019 年 2 月份所有的银行服务功能将对外开放；将技术服务推向社会，为同业，客户、合作伙伴、整个社会赋能。2018 年 9 月 17 日，招商银行宣布迭代上线两款 App 产品 7.0 版本——招商银行 App7.0、掌上生活 App7.0，7.0 版本将支持非招行卡用户注册手机号、绑定多家银行卡，打破封闭账户体系，转向开放用户体系，将手机应用打造为一个开放式平台，在这个平台上，通过 API、H5 和 App 跳转等连接方式，实现金融与生活场景的连接。2018 年 10 月，武汉众邦银行推出开放银行平台，经过平台注册、沙箱自测、开发测试和灰度发布环节后，即可接入开放银行平台，且支持 SDK、API 和 H5 接入，重点在供应链融资、投资、账户、支付四个领域提供解决方案。

全球开放银行发展趋势

目前全球开放银行发展势头强劲，如表 3.3 所示。国外许多基于 API 的银行产品和服务正在市场上获得越来越多的吸引力。例如，移动通信公司德国电信（Telefonica Deutschland）推出了一个基于德国银行 Fidor 银行平台的移动银行专户，可以通过手机号码提供交易、小额即时贷款；发票和会计软件 Wave 使用银行 API 连接到用户的银行账户，使用户能够在一个应用程序上完

表 3.3 全球各地区开放银行进展

地区	开放银行进展
北美	密切关注欧盟 PSD2 的实施进展情况，若进展顺利，美国也将出台类似法令推进银行业数据开放。北美已经有几家银行开放了开放银行开发者入口
欧洲	欧洲银行和非银行机构已经成为推动开放银行的主体，发展势头强劲。欧洲主要地区针对 PSD2 有不同的部署。英国和北欧大多数的市场都执行了这项法令。北欧，非金融服务客户（例如大型零售商）非常看重 PSD2 创造的机会。另一方面，南欧的许多银行保持观望的态度
澳洲	政府已经宣布会引进开放银行。澳洲四大银行已经在以下四个领域实施开放银行战略：第一阶段，2019 年 7 月 1 日起开放消费信贷、贷记卡、储蓄账户数据；第二阶段，2020 年 1 月 1 日起开放住房贷款数据；第三阶段，2020 年 7 月 1 起开放所有产品的消费者数据。所有其他银行在实施各个阶段的时间后的 12 个月内，也要陆续开放相关的数据
亚洲	中国、印度和新加坡已经采取了开放银行相关的技术创新举措。这些举措与了解你的客户和客户授权相关。新加坡监管机构已经发行"金融即服务"手册，以促进金融机构和金融科技机构采用开放 API
非洲	密切关注欧盟 PSD2 的实施进展情况，若进展顺利，南非也将出台类似法令推进银行业数据开放。API 银行的包容性的用例在非洲也广受关注
墨西哥	2018 年 3 月通过的《金融科技法》要求金融机构建立开放式 API，为开放式银行标准奠定了基础

资料来源：Vies point：open banking – a perspective

全控制其财务业务；社交软件 Facebook Messenger 的用户，可以在不离开该服务的情况下向朋友转账，该公司正与包括 Stripe、贝宝、Braintree、维萨、万事达卡和美国运通（American Express）在内的支付公司合作。银行 API 给金融用户带来了大量全新的体验。随着银行开放客户数据进程的推进，第三方利用这些信息为最终用户创造更好的价值，银行业务将变得无处不在——在客户需要的时候，以客户需要的方式出现。

开放银行平台的构建是开放银行实践的关键环节，根据开放银行平台的搭建方式，可以将开放银行组织模式分为两种：一种是以BBVA、花旗等大型银行为代表的自建金融科技开放银行平台模式，另一种是以中小型银行为代表的借道第三方开放平台模式。大型银行拥有丰富的资金、技术和人才资源，往往通过自主构建开放银行平台直接对接上层商业生态系统。虽相较于大型银行，中小型银行IT基础薄弱，自建开放银行平台的资源和能力受限，但是中小型银行有一个独特的优势，那就是它们与客户有着真正的私人关系，能够利用创新来打造令人愉快的客户体验，并通过数字化来提升客户体验。因此，中小型银行通常会采取借助外力策略，寻找第三方平台为其提供定制化的开放银行解决方案，对接商业生态。在这种商业需求的催生之下，诞生了一批专业从事第三方开放银行平台服务的公司，这一类公司主要由具有数据、资源和场景优势的金融科技公司发起，如美国的Yodlee公司、德国的Solaris银行等。

自建开放银行平台

大型银行一般采用内部创新发展和外部嵌入发展两种方式自建开放银行平台。内部创新发展指的是自主搭建开放银行接口平台，银行以自身API技术为依托，设立应用程序接口超市，即开发一个对外开放的 API 产品网站，提供银行所有 API 产品的介绍，任何有意向的第三方都可以通过此网站进行 API 接口使用的测试和提交 API 接口使用的申请。外部嵌入发展包括投资并购具有开发开放银行平台能力的金融科技公司和孵化开放银行相关创意。外部嵌入发展的方式主要是利用银行雄厚的资金资源，汲取市场上一切智力资源。银行一般通过举办创新创业大赛进行开放银行创意的孵化，不仅可以调动内部员工的积极性，也能够吸纳外部优秀的人才资源投身于银行自身的开放银行战略。投资并购的方式一般能缩短自主研发的时间，可以帮助银行将开放银行战略快速付诸市场，抢占行业发展先机。

西班牙对外银行全面布局开放银行业务

西班牙对外银行（BBVA）成立于 1857 年，在 20 世纪 60 年代的经济发展过程中进行收购、扩张，逐渐成为一家现代化的全能银行和金融集团。BBVA 在西班牙市场拥有强大的领导地位，是墨西哥最大的金融机构，在南美和美国等地拥有领先的特许经营权，其多样化的业务侧重于高增长市场，并将技术作为一个关键的可持续竞争优势。截至 2018 年年末，BBVA 总资产为 6 770 亿欧元，在超过 30 个国家和地区拥有 7 963 个分支机构，员工 125 627 人，在全球服务的客户人群高达 7.45 亿。自 2016 年起，BBVA 开始全面布局开放银行业务，成为全球首家以商业化模式运作开放 API 的银行。①

早在 2013 年，BBVA 就开始借助黑客松向开发者开放数据和接口。2014 年举办的黑客松 Innova 挑战赛，通过 API 向开发者开放了 2013—2014 年墨西哥三座城市的商店交易数据。创新中心负责人古斯塔沃・维纳库娃（Gustavo Vinacua）表示，该创新挑战赛旨在帮助 BBVA 探索挖掘数据价值，以及将银行与外部数据进行整合。BBVA 董事长弗朗西斯科・冈萨雷斯（Francisco González）在 2015 年发表的一篇文章中就强调，“银行业生态系统正在演变，与新兴行业进入者相比，银行一定要利用自身最核心的竞争力也就是关于客户的信息，并且将这些知识转化成更好的客户体验”。经过几年的数据共享沉淀，BBVA 于 2016 年正式启动开放 API 项目，聘请美国数字银行 Simple 的联合创始人沙米尔・卡尔考（Shamir Karkal）作为项目负责人。在随后的平台试行阶段，BBVA 邀请了超过 1 500 家企业和开发者参与测试，以期更好地了解平台与合作伙伴的关系，提高开发环境的安全性。自 2017 年 5 月起，BBVA API 市场对西班牙客户正式开放，这是 BBVA 开放银行战略的首个成果。具体而言，API 市场是一个允许 API 提供者发布 API 并将其推向市场的平台。外部开发人员可以在 BBVA API 市场上发现、访问、测试 API，以便在自己的应用程序中使用。当前，BBVA 在西班牙、美国、墨西哥三个国家共计开放了 10 个 API：7 个基于银行零售端用户信息，1 个基

① BBVA 官网

于企业信息，还有2个是多渠道数据的整合。

近些年来，BBVA持续加码资本运作，通过一系列针对金融科技公司的投资并购进一步丰富上层商业生态，夯实下层金融组件。BBVA从2012年开始通过自身的风投部门BBVA风投部（BBVA Ventures）投资于覆盖网上银行、数据分析、设计、支付等多个领域的初创企业。2016年2月，为挣脱银行母体追求更灵活、高效、独立的投资模式，BBVA分拆BBVA风投部，成立了2.5亿美元资产的金融科技风投基金Propel Venture Partners，其中1.5亿美元计划投资美国市场。作为有限合伙人，BBVA将影响基金整体战略和高阶层投资方向，不参与单个投资的决策过程。目前，Propel Venture Partners的投资组合已覆盖20家知名金融科技初创公司，包括智能投顾公司个人资本公司（Personal Capital）、数字货币交易所Coinbase等。与此同时，BBVA也在持续对基础设施进行投资，为开放银行奠定强大的技术支持。比如，2013年BBVA投资超过3.5亿美元用于更换银行核心系统；2016年与红帽（Red Hat）公司在IaaS、PaaS领域达成合作，并开始使用建立在亚马逊网络服务（AWS）上托管的平台，以获取云计算能力。

基于集团内人才培育及与创业者的合作，BBVA进行内部孵化促进创新。2016年，BBVA在北美和欧洲地区共诞生了8个孵化项目，其中之一就是2017年5月开放的API市场。BBVA总裁兼首席执行官卡洛斯·托雷斯·维拉（Carlos Torres Vila）多次在行业交流会议上提到，和创业者社区的合作与生态圈共营是

BBVA 转型之路的重要因素。通过成立创新中心或举办创业大赛等方式，BBVA 获取了创新想法，吸引了创业人才。从 2009 年开始，BBVA 每年都会在全球范围举办开放式人才（Open Talent）创业大赛，寻找数字银行领域的优秀创业者。开放式人才创业大赛向全球各地的个人和企业开放。表现出色的创业者将得到奖金，与 BBVA 高层及业务骨干的合作机会，以及与其他初创公司、投资者、大公司、行业专家的交流机会。①

2018 年 8 月，BBVA 推出开放平台提供全套银行产品和服务，旨在推动更广泛地实现开放式 API 平台银行业务潜力最大化。该平台是一个完整、统一的开发平台，允许感兴趣的企业以灵活的方式为客户构建银行解决方案，并为金融科技和数字服务提供商提供可伸缩的基础设施。BBVA 的开放平台计划使第三方能够轻松地将支付和互补的银行服务集成到自己的业务模型中，以创建无缝的用户体验。BBVA 的银行即服务解决方案的工作原理是，一旦第三方通过严格的安全性检查，则被允许连接到一个核心的数字银行平台，通过这个平台，第三方可以通过 API 访问银行提供的一系列服务，包括转账、身份验证、开户和发卡等。此开放平台团队还运行一个沙箱测试环境，有兴趣开发与银行开放 API 相关联的解决方案的公司可以在完全注册启动之前，在沙箱内完成它们的提案。

---

① 兴业数金．开放银行系列之案例篇：欧美国家的探索实践．2018. 8

美国花旗银行 API 开放

花旗银行是花旗集团旗下的一家零售银行，前身是1812年6月16日成立的纽约城市银行（City Bank of New York），目前已经发展成为美国最大的银行之一。截至2018年年末，花旗银行总资产为9 139亿美元，在超过117个国家和地区拥有4 598个分支机构，员工260 000人，在全球服务的客户人群高达70亿。①

2014年，花旗推出了一款名为“花旗移动挑战”的全球黑客松和加速器项目，在拉丁美洲、美国、欧洲、中东、非洲和亚太地区举行赛事，吸引了来自100多个国家的数千名开发者参与。2015年，花旗金融科技（Citi Fintech）作为花旗全球消费者银行（Global Consumer Bank）的一个新部门成立，负责加快新一代移动银行业务的上市速度。

2016年11月，花旗金融科技和花旗银行团队开发的API开发中心在全球范围内正式推出，将账户管理、ATM分布、账户授权、借/贷记卡、消费者信息、保险账户、资金管理、引导流程管理、点对点支付、账户服务、公共事务服务、转账、花旗奖励、投资购买等多个类别API开放给外部开发者调用，这也标志着花旗技术向开放式架构的演进，成为探索开放银行道路上的里程碑。随着时间的推移，花旗也在逐渐添加新的API类别。目前花旗银行已经在澳大利亚、印度、印度尼西亚、马来西亚、墨西

① 花旗银行官网

哥、菲律宾、波兰、俄罗斯、新加坡、泰国、阿联酋、英国、美国、越南以及中国香港和台湾 16 个国家和地区开放 API，这些 API 在不同地区存在差异。这些底层 API 金融组件如同乐高积木一样，可由开发者根据自己的构想自由拼接组装成富有创意的金融应用程序。

花旗 API 开发者中心的整个操作流程简洁明了，只要完成五个步骤即可对花旗银行的 API 进行调用，从而获取海量的客户数据。开发者首先在其网站 developer. citi. com 上进行登记注册，随后便可获得一个客户 ID 与密钥。出于对客户隐私的考虑，开发者需要获取花旗银行的授权，根据数据的私密程度，授权分为两回合制以及三回合制。只有通过授权环节后，才可以使用 API 工具连接至开发沙盒测试自己的创意构想。最后，当双方均认为存在较大的合作空间时，开发者可与花旗银行进行下一步洽谈与合作。凭借其独有的开放性与便捷性，花旗 API 开发者中心在上线之后一个月内便吸引了 1 500 位开发者。

一个典型的运用案例是财捷（Intuit），在调用了花旗的账户管理 API 之后，用户能够以一种更为流畅且安全的方式向财捷授权获取其在花旗银行的账户数据，包括余额、交易历史、到期日等，甚至可选用信息图表的方式随时查看这些数据。除了财务软件领域，花旗 API 开发者中心也在逐渐拓展其他应用场景。例如，澳洲航空公司（Qantas Airways）在花旗 API 开发者中心调用了 70 多个 API，获取了相关用户的金融数据之后，推出了优质白金信用卡服务以及 Qantas Money 这一款应用程序。用户在获得澳洲航空公司会员计划奖励的同时，可以实时监控信用卡余额和飞行里程数积分，极大地提升了客户体验。

花旗银行一直在寻求与金融科技公司的融合与协作，并在业内首创了“Fintergrate”一词（即 Fintech 与 integrate，意指与金融科技公司的结合）。近些年来，花旗银行已先后与万事达卡、百思买（BestBuy）、维珍理财（Virgin Money）、贝宝等前沿科技公司建立合作关系。比如，花旗银行于 2016 年 12 月宣布与第三方支付平台贝宝达成战略合作，实现了所有花旗信用卡用户均可在 PC 端、手机端与实体店使用贝宝进行支付的功能。花旗银行在投资方面也素来态度积极。2010 年，花旗银行设立了风投基金花旗创投（Citi Ventures）专业从事投资，近几年被商业银行洞察（CB Insights）评为全美金融科技投资领域最为活跃的银行之首，在区块链、数据分析、个人财务、财富管理、金融服务软件、贷款、支付结算、监管科技八大领域投资了 25 家金融科技公司，其中包括 Betterment、数字资产（Digital Asset）、Linkable 等知名公司。①

英国巴克莱银行开放的 API

巴克莱银行成立于 1960 年，是全球规模最大的银行及金融机构之一，也是英国最古老的银行，具有逾 300 年的历史，是全

① 兴业数金．开放银行系列之案例篇：欧美国家的探索实践．2018. 8

世界第一家拥有 ATM 的银行。截至 2018 年年末，巴克莱银行总资产为 1 363 亿英镑，在全球约 60 个国家经营业务，在英国设有 2 100 多家分行。[①]

2016 年 1 月 PSD2 正式发布后，为应对 PSD2 生效后银行面临的挑战，巴克莱银行组织了一场针对在出现“零用户界面”（意指消除用户和界面之间的障碍）时如何应对人们消费银行服务的挑战的黑客松。这是该银行第一次通过其 API 商店向外部开发人员发布 API。

巴克莱银行是英国开放银行计划下的强制性账户支付服务提供商之一，按照《调查令》，应在 2018 年 1 月 13 日之前启动开放银行计划，但其进展未按照计划进行并被给予 6 周的延期。目前，巴克莱银行已经开放了 12 种 API，包括银行产品信息、银行分支位置、巴克莱卡支付、巴克莱卡管理授权、巴克莱卡基金确认 API、支付发起、FCA 服务指标、ATM 位置、授予、资金确认、账户和交易、巴克莱卡账户和交易，另外还有银行卡信息和余额查询两类 API 在测试过程中，不久后也会推向市场。第三方提供商必须严格遵循英国开放银行运行框架，获得 FCA（或欧洲类似机构）的监管许可、注册到开放银行目录、完成严格程序测试和安全测试后，才能使用巴克莱开放银行提供服务。此外，巴克莱银行设有 API 实验室（API Labs），用于评估潜在的创新产品。通过 API 实验室评估的产品，可以被转移至巴克莱银行的生

① 巴克莱银行官网

产环境，以便应用和开发。

2018 年 9 月 12 日，巴克莱银行宣布，在劳埃德银行、哈利法克斯银行（Halifax Bank）、苏格兰银行（Bank of Scotland）、苏格兰皇家银行、国民西敏寺银行（NatWest）、全英房屋抵押贷款协会或桑坦德银行拥有个人或企业经常账户的客户，在登录巴克莱移动银行（Barclays mobile banking）应用程序时，可以选择安全地查看自己其他银行的余额和交易。这一模式运行在开放银行 API 技术之上，并实现了将此功能与其现有的移动银行平台相集合，为用户提供其所有账户的单一视图。具体的操作是，客户在巴克莱移动银行应用程序中选择要连接的 7 家银行中的任何一家，然后客户将被重新定向到其移动应用程序或在线银行页面，在那里客户可以像平时一样登录，并允许连接账户数据，客户也可以在任何时候断开连接。巴克莱银行是英国第一家将常用客户账户引入其移动银行 App 的银行。① 目前，超过 600 万②用户使用该服务来管理他们的日常财务。

德国德意志银行创新实验室和 API 项目

德意志银行（Deutsche Bank）成立于 1870 年，是德国最大的银行，在欧洲拥有较高地位，在美洲和亚太地区拥有重要的业

① 一本财经．科技金融时代下，银行的智能转型之路．2018. 10

② 巴克莱银行官网

务。截至2018年年末，德意志银行在德国境内共有1 409家分支机构，在非洲/中东、亚太地区、欧洲、北美洲、中美洲、南美共有655家分支机构。[①]

德意志银行先后于2014年、2015年和2016年分别创立了柏林、伦敦和硅谷创新实验室，实验室能够评估来自各地的新兴技术，并将其应用于改进其产品、服务和内部流程。这三个创新实验室被称为德意志银行实验室，是该行2020年战略数字元素的一部分。2016年9月，德意志银行在都柏林开设数据实验室Hive，聘用数据科学、可视化、分析和技术专家，应用先进的数据工具和技术，实现银行服务流程自动化，并利用数据分析根据客户不断变化的需求调整其产品和服务；同月，德意志银行数字银行产品开发中心法兰克福数字工厂成立，成为德意志银行创新、数字化和重组的推动力。2016年11月，德意志银行举行黑客松，通过dbAPI接口向来自22个国家的750名申请者和70名参与者开放其存储数据，允许程序员通过dgAPI接口调用数据，测试他们超越传统银行服务的应用程序，完成的应用程序将在客户明确同意的情况下使用真实的客户数据。

为了评估银行数据的潜在用途及其dbAPI必须满足的规范，德意志银行设立了API项目，并积极寻找100家企业帮助其开发数据接口。作为回报，合作伙伴将有机会在符合其规范的试点项目中开发接口解决方案，并且可以在6个月内免费使用dbAPI。

① 德意志银行官网

同时，它们还将进入德意志银行的内部创新和创业网络。因此，各行业的金融科技公司、初创企业和知名企业都被邀请成为项目合作伙伴。2018 年 4 月，德意志银行收购了孟买的创业公司 Quantiguous Solutions，以帮助其建立一个开放的银行平台。该公司一些员工进入核心团队，该团队负责开发和推出全球 API 计划。

为履行 2016 年 1 月生效的 PSD2 要求，德意志银行已经于 2018 年 9 月实现了信息线上化，2018 年 12 月完成支付工具发行服务（Payment Instrument Issuing Service，简称 PIIS）线上测试场景搭建。

新加坡星展银行推出 API 开放平台

星展银行（Development Bank of Singapore，简称 DBS）成立于 1968 年，是新加坡最大的商业银行，业务遍布东北亚、东南亚和南亚市场。2018 年 8 月，星展银行被《环球金融》评为“全球最佳银行”，成为亚洲首次获得此殊荣的银行。“全球最佳银行”是对星展银行在国际知名度和地位，特别是在银行数字化转型方面领先地位的认可。

星展银行 2014 年启动了数字化转型计划，探索如何以一种其他机构尚未尝试过的方式，成为一家真正的数字化银行。在其他银行开始踏上数字化征程的时候，星展银行已经走上了正轨。星展银行选择将其业务从数据中心存储信息转移到使用云计算，截至2017年年底，该银行66%的应用程序已经具备云计算能力。星展银行的部分优势在于，它对与外部合作伙伴合作持开放态度。

2017年11月，星展银行推出了目前世界最大的API开发平台，该平台提供了超过180个，跨越转账、支付等20个范畴的API。通过向金融科技企业和软件开发商开放API，用户在转移资金、实时支付甚至获得优惠方面享受到了更大的便利。通过星展银行的奖励API，用户能够用星展银行的积分换购和支付，或直接计算用户积分兑换成现金的比率，以帮助其获得最佳回报。为了确保这些服务尽可能顺利地开展，星展银行允许其他团队访问其API来帮助解决问题。该银行推出了“推荐应用程序”（References Apps）工具，模拟不同API之间的交互方式，并设计解决方案，以便用户在软件提供商之间转换时提供无缝体验。这一平台也提供一个安全的API沙盒测试环境，为新推出的API进行功能测试。

第三方开放银行平台

开放银行平台的服务提供商主要有两类市场主体：第一类是新型数字银行，第二类是其他金融科技公司。数字银行与传统银行相比，其系统和服务建立在API基础上，其模块化的架构能够快速满足开放银行的组织架构要求。新型数字银行进军开放银行领域的实践比较特殊，它们不仅开发了自己内部的技术平台，同时也将此平台授权给其他金融机构使用。其他金融科技公司在与银行合作实践开放银行业务模式时，金融科技公司凭借其技术先进、场景丰富、组织灵活等特点，能够为合作客户量身定制提供服务，提出的解决方案更能响应中小银行的需求和产品路线，服务方式更灵活。

英国斯塔林银行开放 API

斯塔林银行是一家总部设在英国，经营往来账户、商业银行业务以及面向商户的支付服务的数字银行，它由爱尔兰联合银行前首席运营官安妮·博登（Anne Boden）于 2014 年 1 月创立，并于 2016 年取得银行牌照。成立以来，斯塔林银行共获得两次投资，分别是 2016 年年初的 7 000 万英镑和 2019 年年初的 7 500 万英镑。

作为新型数字银行，斯塔林银行最鲜明的特征在于它开放了自己的 API，其他开发者可以通过斯塔林银行的现金账户来享受银行服务。2017 年 4 月，斯塔林银行发布了斯塔林 API 和开发平台，并组织了第一次黑客松，参赛选手可以使用包括消费者 API、地址 API、账户 API、卡 API、交易 API、直接借记授权 API、收款 API、付款 API、定期付款 API 在内的 9 类 API。开放的开发平台通过 Java 环境构建一个云服务，可以让安卓和 IOS 用户使用。它的主要作用在于，用户可以绕过除银行以外的第三方应用进行实时的信用卡和借记卡交易。目前，这家数字银行开放了 9 个应用程序接口，通过这些接口，第三方可以获取用户、账户信息以及支付数据。斯塔林银行除了为客户提供更为开放的账户体系，还会通过技术接口为用户提供一些更为专注的产品和服务，比如为客户提供免费转账、外汇贷款，以及抵押贷款等多项服务。[1] 斯塔林银行还构建了一个支持 API 的市场平台，通过该平台，它将提供来自其他服务提供商的产品和服务，并将它们融合到斯塔林银行的界面中，为客户提供一致的用户体验。

德国 Fidor 银行设计 API 前沿数据平台

Fidor 银行[2]是一家于 2009 年在德国成立的数字银行，于 2009 年 12 月 31 日上线，旨在通过新的、以客户为中心的服务来重建人们对银行业失去的信心，使客户能够积极参与银行的决策过程。Fidor 银行是 Fidor 控股集团的主要实体，该集团拥有另外两个实体：Fidor Solutions 和 Fidor Factory。Fidor Solutions 是 Fidor 集团的 IT 部分，后独立出来专注于金融技术创新，Fidor Solutions 专注于 B2B 市场，该公司设计、开发、实现并维护了 Fidor 银行的数字主干——FidorOS 数字银行平台及其 API 库。Fidor 银行当前就在 FidorOS 平台上运营。

---

① 先锋支付．金融科技赋能商业银行之应用场景．2018. 3

② 一本财经．科技金融时代下，银行的智能转型之路．2018. 10

Fidor 银行在德国的产品组合涵盖零售和商业银行业务，从基本银行账户和储蓄债券到各种贷款，都可以从同一个银行账户访问。在德国，Fidor 银行目前有超过 31 万的社区成员。Fidor 银行一直将技术作为其核心策略，它也是开放 API 银行业务的先行者之一，它开发了自己的内部技术平台，同时也将其授权给其他金融机构，通过提供 API 解决方案和产品，帮助银行打造数字化平台。

FidorOS 是 Fidor 设计的一个使用开放 API 的前沿数字平台，能帮助银行将数字技术带入其核心业务。FidorOS 可插入银行现有的基础设施中，打造一个轻量级的数字银行平台。FidorOS 建立在一个开放的环境上，使用 RESTful、JSON 数据交换格式和 OAuth2.0 授权，可以更好地与第三方进行连接，更快地部署新产品。而且，FidorOS 兼容性强，可以接入任何核心银行系统，实现数字银行需要的实时体验。FidorOS 通过其全集成的前端层、API 层、银行模块和核心功能，处理客户所有的银行需求。银行可以选择 FidorOS 现有的、白标签的互联网和移动 App，或者将银行现有的渠道插入 FidorOS 前端层。在 API 层，银行使用 FidorOS 的 API 适配器和 API 管理系统连接到任何第三方。FidorOS 的基本模块涵盖了银行服务的主要模块，如核心客户账户、支付和数据管理、登录功能以及通过社区论坛促进客户参与等，平台中的模块彼此实时交互。根据不同需求，Fidor 银行提供不同类型的解决方案，既有一体化服务，也有针对性提供的单个解决方案。详见图 3.1。

Fidor 银行还提供“银行即平台”服务，即将 FidorOS 平台插入银行原有的基础设施中，即可帮助银行打造一个轻量级的数字银行平台。Fidor 银行的“银行即服务”可以为客户提供欧盟银行牌照，并基于开放 API 技术，帮助客户快速打造一家新的数字银行，该解决方案提供一揽子服务，客户不需要担心技术、合规性、风险管理、市场策略和客户服务等问题。Fidor 银行提供了一个开发人员门户，其中包括一系列用于银行、支付、信用、卡管理、用户管理、社区、评分、集成服务和第三方服务的 API。详见图 3.2。

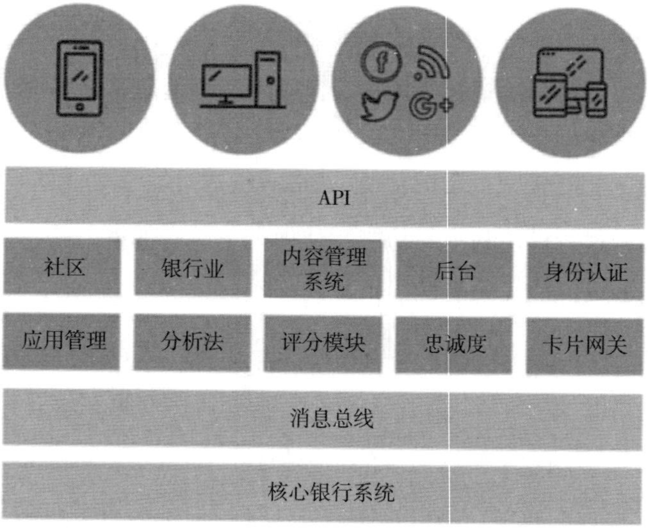

图 3.1　FidorOS 平台构成

资料来源：Celent. APIs IN Banking：Unlcoking Business Value with Banking as a Platform（BAAP）. 2018-3-21

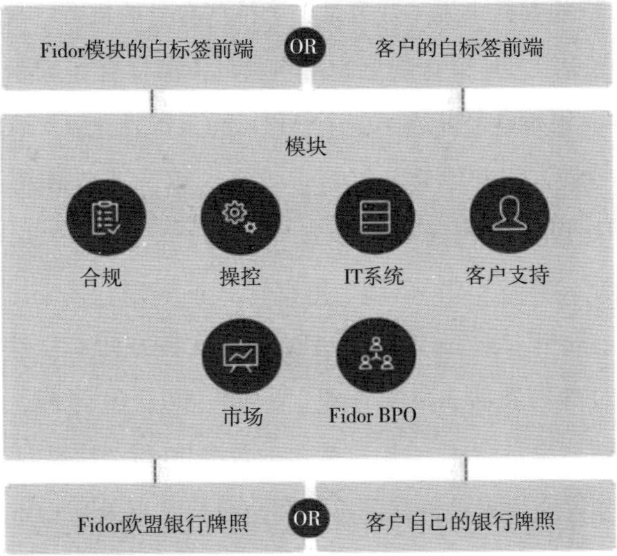

图 3.2　Fidor 银行的银行即平台架构

资料来源：Celent. APIs IN Banking：Unlcoking Business Value with Banking as a Platform（BAAP）. 2018-3-21

Fidor 市场集合了金融科技、保险科技、贸易科技等类型的产品，具体包括：P2P 支付、个人理财、储蓄债券、资本债券、全球转账、保险、加密货币交易、社交贸易、外汇交易、贵金属贸易、众筹产品、管理工具等。通过 API 接入 Fidor 市场后，银行可以挑选想要的产品，为用户提供服务。这为银行提供了一个快速提供新产品的机会，避免了烦琐冗长的产品设计、开发和部署过程。如果银行对接入 Fidor 市场感兴趣，可以联系 Fidor 银行，Fidor 银行会对银行的 App 进行初步检查确定 App 正常运行之后，银行可以使用 Fidor 银行的 API，在沙箱中测试服务。经过 4 周的测试后，银行可以向客户提供服务。对于接入

Fidor 市场的银行来说，这也是一个推广自身的机会，接入的银行可以触达 Fidor 银行的客户和与 Fidor 银行合作的银行。目前，Fidor 银行已经开放了多个 API，涵盖银行业务、支付、信用、卡管理、用户管理、社区、评分、综合业务和第三方服务。Fidor 银行还构建了一个开发者门户，支持从演示 App、App 注册、沙盒、团队管理、审批到 App 管理、日志记录和调试的所有步骤。Fidor 银行的 API 都具有良好的安全性。访问安全通过静态和动态风险管理、OAuth 2.0、IP 限制、访问和刷新令牌、设备管理（尤其是移动设备）和二次认证服务提供；操作安全由审批流程、权限和角色模型以及后台解决方案提供；此外，接入 FidorOS 的第三方解决方案也提供反欺诈、反洗钱和其他技术保障安全。

“支付即服务”（Payment as a Service，简称 PaaS）是 Fidor 银行提供的一项支付服务，银行可以将银行卡和支付服务外包给 Fidor 银行，且不需要担心合规问题。PaaS 提供多种支付服务，包括 SEPA 即时支付，ACH 支付，通过社交媒体、昵称、电话簿的 P2P 支付等。

Fidor 银行为教育目的开放 API 和沙箱。Fidor 银行与大学和其他教育机构合作开办 Fidor 学生学院（Fidor Student Academy）。Fidor 银行与新加坡的五所理工高中签署了合作协议，将 Fidor 银行沙箱打上白色标签，以满足它们的要求，并允许学生在一个实际操作的模拟数字银行环境中进行培训，学生可以自由地使用 Fidor API 实现自己的金融科技业务理念。

英国 Monzo 银行通过 API 访问创建新的服务

“英国挑战者银行” Monzo 银行成立于 2015 年，通过移动应用管理账户向用户提供银行服务。用户可用银行卡支付，并通过电子方式（包括蓝牙）转账。在其最近透露的 E 轮融资中筹得 8 500万英镑，融资后 Monzo 银行估值达到 12.7 亿美元。

Monzo 银行看到了开放式 API 的巨大潜力，自 2015 年以来，已经组织多次黑客松，开发人员通过其 API 访问数据，以创建新的服务。除了创建独立的产品外，许多开发人员还设计了将 Monzo 银行数据与第三方服务［如优步（Uber）、色拉布（Snapchat）和苹果手表（Apple Watch）］集成的解决方案，从而充分利用开放式 API 的可能性。

2018 年 6 月，Monzo 银行与基于 Web 和应用程序的平台 IFTTT，如果符合某个条件则做某件事情（If This Then That）的合作，使用户通过个性化的规则来自动实现理财目标，IFTTT 能够帮助用户让应用程序和设备协同工作。它允许用户设置 “if, then” 规则，例如，“如果我在照片墙（Instagram）上发布一张照片，就把它作为原生照片发布到推特（Twitter）上”，或者 “如果我在亚马逊 Alexa 的待办事项列表中添加了一项新任务，就把它添加到苹果手机提醒应用程序中”，等等。IFTTT 与消费者金融数据的集成使银行可以试验新的金融数据用例，并使银行了解更多关于客户偏好和行为的信息。Monzo 银行推出的个性化理财规则标志着银行应用程序中的个人财富管理进入一个新阶段，从被动接受转变为客户可以根据自己的喜好采取的主动、有形的行动。

美国 Yodlee 公司持续为大型银行提供数字化技术和服务[①]

Yodlee 公司成立于 1999 年，最初是一家为美国运通、富达投资等大型金融机构提供数字化技术的公司，后期开始从事开放银行业务。有别于大型银行通过自建或者投资的方式，Yodlee 公司专注于充当银行与第三方公司之间的桥梁，从银行处获取客户数据，再将这些数据以 API 接口的方式提供给第三方公司进行金融创新，从而为客户提供无缝衔接式的金融服务体验，即第三方开放银行平台。据统计，Yodlee 公司最终能触达的用户规模在 5 000万人左右，但大部分用户在使用银行或者第三方公司提供的产品时甚至都不知道自己在使用 Yodlee 公司的服务。

一面是受限于文化和体制难以快速推陈出新的传统银行，另一面是渴望以新技术提升客户金融体验但缺乏相关数据的第三方公司，传统银行的创新能力已经落后于技术的迭代和发展。基于多年的从业经验，Yodlee 公司即刻嗅到了其中蕴含的商机——专注于做第三方开放银行平台，极好地弥补了第三方公司与传统银行之间的这一裂隙。有金融创新意愿的第三方公司、外部开发者均通过 Yodlee 公司统一的 API 平台调用底层海量的银行客户

---

① 兴业数金．开放银行系列之案例篇：欧美国家的探索实践．2018. 8

数据。

在过去的十多年间，Yodlee 公司持续为大型银行提供数字化技术和服务，例如，利用先进技术将客户在银行的存款、欠款生成数字化记录，并转化为电子账单、贝宝交易、借记卡交易等服务。与之合作的金融机构中，包括美国最大的 20 家银行中的 13 家，如花旗银行、美国银行等。经过多年的积累，Yodlee 公司逐渐沉淀了被视为银行最宝贵的资源——16 000 多个全球客户金融数据来源。如此庞大的客户数据网络使 Yodlee 公司一跃成为极具竞争力的数据收集商，也为其后期搭建第三方开放银行平台奠定了坚实的基础。

Yodlee 公司的 API 产品主要包括三类：数据聚合、账户验证、资金流动。一是数据聚合 API，利用机器学习和数据科学算法识别商户交易数据并将其分门别类，从而为上层商业生态系统内的第三方公司提供精确、清晰、标准化和易于使用的交易数据源。二是账户验证 API，以往银行账户验证过程需要花费数天时间，甚至需要客户核实银行账户中的小额存款以验证账户，而 Yodlee 公司的账户验证 API 将此过程缩短至秒级，客户只需要输入网上银行凭证即可实时验证账户内余额。三是资金流动 API，使用 Yodlee 公司的 API 平台，客户可以通过第三方应用程序连接到自己的银行账户，并在一个安全的支付环境中转移资金。

最初 Yodlee 公司的模式主要是以 B2C 的个人理财服务为主，通过整合银行数据为客户提供一站式在线财富管理平台 FinApps，使客户能够在这个应用程序上登录多个银行账号进行转账、还款等金融行为，并定期向客户推送个人账单，功能与风靡中国的支付宝很相似。但随后 Yodlee 公司意识到要全面构建上层商业生态，逐步打通 B 端客户。于是，这项业务逐步由 B2C 向 B2B 转变，Yodlee 公司开始为金融科技公司及第三方理财 App 开发者提供开放银行服务，帮助其追踪消费者银行数据，以提供定制化金融服务。例如，个人财富管理公司个人资本公司使用 Yodlee 公司的 API 平台让用户可以集中用一个应用程序管理自己在各个银行存储的资金；Snap Check 是一家从事电子支票支付业务的公司，在调用了 Yodlee 公司的 API 之后，用户可授权在线填写支票，并且不再需要人工下载银行对账单，很大程度上节约了人力和时间。

德国 Solaris 银行的 B2B2C 模式①

Solaris 银行是一家拥有银行牌照的科技公司，成立于 2016 年 3 月，由德国金融科技创业工场 FinLeap 孵化。Solaris 银行本身并不经营传统银行的业务，而是专注于为第三方企业提供纯粹的开放 API 服务，间接为金融行业赋能。Solaris 银行提供完全数字化的“银行即服务”平台服务，第三方可以通过连接该平台提供金融服务。Solaris 银行的营业范围覆盖整个欧洲。自成立以来，Solaris 银行就深受国际知名投资者的青睐，2017 年和 2018 年共获得约 9 500 万欧元的融资，最新一轮融资（B

---

① 兴业数金．开放银行系列之案例篇：欧美国家的探索实践．2018．8

轮）公布于 2018 年 3 月，Solaris 银行获得 5 660 万欧元投资。目前，Solaris 银行的第一大和第二大股东分别是德国金融科技创业工场 FinLeap 和 BBVA。

Solaris 银行“乐高积木”式的 API 设计有利于合作伙伴自主选择与自身需求相符的 API 产品。据统计，Solaris 银行目前已经在底层推出超过 180 个 API 端口，按照功能划分大致可以归为三大类：一是数字银行和银行卡类 API，用于对接传统银行，为客户提供与 Solaris 银行账户联通的借记卡和带有个人身份信息的银行账户；二是符合 PSD2 要求的支付类 API，主要用于合作公司向客户提供礼品卡及相关服务；三是贷款类 API，这类 API 产品可以帮助一些在线平台实现全自动化风险评估和数字化签名认证，将个人消费贷款或者中小微企业贷款迅速整合至自己的商业流程中。

Solaris 银行采用的是 B2B2C 模式，通过服务商业生态圈内有金融服务需求的公司从而间接为终端用户提供便利。目前聚焦的目标客户主要涉及电商、零售商、礼品卡/预付卡提供商和金融科技公司等。由于商业生态圈内的群体包罗万象，从事的领域各不相同，Solaris 银行致力于与合作伙伴开展一对一的合作，提供定制化解决方案以满足不同客户的需求，一个典型的案例是为 Fashioncheque 公司的礼品卡业务提供电子货币和托管解决方案。Solaris 银行以 API 的方式提供清算、结算服务以及广泛兼容、接近实时的交易信息流转功能，更重要的是，Solaris 银行的电子货币牌照可以确保该方案符合银行级别的合规要求。

第四章

开放银行数据保护溯源与数据所有权之争

虽然我们看到英国开放数据研究所（Open Data Institute，简称ODI）的结论——“对银行数据的更好运用有助于增进银行业竞争、提高中小企业生产率和消费者福利”——是英国政府实行开放银行政策的出发点，但是我们更需要明白，开放银行的背后是数字权利的变更与保护，一言以蔽之，数字权利的确权是开放银行诞生的基础。

我们生活的方方面面都围绕着数据，从社交媒体到银行、零售商和政府——几乎所有服务主体都在收集和分析我们的数据，诸如姓名、身份证号码、地址、信用卡号码、设备MAC地址等信息。同时，最重要的是，这些信息也通过不同（我们已知或未知、已同意或未同意）的方式和形式被某些机构存储起来。

经济体中非自然垄断行业出现垄断企业会造成社会效率损失，数据领域垄断也会带来无谓损失。打破银行对于金融数据的垄断自然可以促进银行业竞争，同时提高社会效用。开放银行的实施，确保了消费者拥有自由选择处理其数据的权利。在数据权利被打破，并成为不可逆事实的情况下，银行在新时期通过采用银行即平台等策略再次掌握主动权，则是最优应对之策。

消费者数据权利得到足够重视之后，各种基于大数据的科技公司，包括传统行业的企业在使用消费者数据和传播消费者数据方面都受到了制约，并且以银行业为突破口，开始被迫开放消费者个人金融数据。在各种相关法律法规之下，数据的开放按照计算机方面较为成熟的方式——API——进行，同时采用了 OAuth 标准定义接口。在政策层面已经确定了目前开放数据的内容，不排除以后进一步扩大数据开放的范围。

由于保护数据而导致开放银行的出现，是非常有意思的开始，而由此导致的银行变革或许是当局也无法预料的。从第三方支付撕开银行金融数据垄断的口子开始，其实无论是银行还是相关机构都没有预料到开放银行的出现。显然，这是非常重要的历史时刻，自此我们可以认为，第三方机构开始绕开银行提供“银行服务”已经彻底改变了银行竞争的格局。而数据保护的结果使银行必须开放数据，虽然对于银行短期不利，但也是银行正视竞争的开始，或许是未来银行的起点。

开放银行前传：数据保护溯源

欧盟数据保护的溯源与思路

2007 年 12 月 12 日，欧盟轮值主席国葡萄牙总理苏格拉底（Socrates）、欧洲议会议长珀特林（Pottering）以及欧盟委员会主席何塞·曼纽尔·巴罗佐（Jose Manuel Barroso）在欧洲议会总部所在地法国的斯特拉斯堡共同颁布，旨在保障欧盟公民权利的《欧盟基本权利宪章》（Charter of Fundamental Rights of the

European Union)（以下简称《宪章》）。《宪章》第 8 条个人信息之保护中规定："a. 人人享有个人数据保护的权利。b. 此等信息应仅得于特定明确目的，且于信息所有人同意或其他法律规定之正当依据下，公平地被处理。人人均有权了解其个人信息，并有权要求销毁其个人信息。c. 应由独立的主管机关监督这些原则被确实遵守。"2007 年 12 月 13 日，《里斯本条约》(Lisbon Convention) 授予《宪章》以法律约束力，进一步巩固了欧盟对其成员国中个人数据的法律保护，同时明确了个人数据保护是欧盟成员国公民的基本权利。

2012 年 1 月，欧盟委员会为了确保欧盟能够"适应数字时代"，制定了"数据保护改革"(Data Protection Reform) 计划。大约 4 年之后，数据保护的内容界定和如何执行的协议最终达成。改革最重要的部分就是出台了《通用数据保护条例》，这个新的欧盟协议适用于所有成员国的组织，对欧洲及其他地区的企业和个人都有影响。2015 年 12 月欧盟就改革达成一致时，欧洲委员会数字化单一市场项目副总裁安德鲁斯·安西普(Andrus Ansip) 指出，"欧洲的数字化未来只能建立在信任的基础上。凭借坚实的数据保护通用标准，人们可以确信他们可以控制自己的个人信息。"该《保护条例》其实源于 1995 年的《个人数据保护指令》(Directive 95/46/EC)，只是当时的《个人数据保护指令》由成员国"参照执行"。

根据《保护条例》的条款，机构不仅必须确保在合法和严格的条件下收集个人数据，而且收集和管理个人数据的人将有义务保护数据免受滥用和再次利用，并尊重数据所有者的权利，否则会面临处罚。2019年年初，谷歌被法国个人数据保护主管机构国家资讯自由委员会（Commission Nationale de Ĺinformatique et des Libertés，简称CNIL）以违反《保护条例》为由处以5 000万欧元的罚款。理由是谷歌没有给消费者提供关于数据同意条款足够的信息，以及没有让他们完全掌控其数据被使用的情况。①

但是需要指出的是，《保护条例》的主旨与目标是“不得以保护自然人个人数据处理为由，限制或禁止个人数据在欧盟的自由流动”。（第1条）而其处罚则又相当严厉，“违反个人信息收集和使用规则、侵犯数据主体权利，数据控制人或使用人将被课以最高全球年营收4%或2 000万欧元的罚款”。欧盟对于数据自由流动、保护和代价可谓明码标价，而PSD2则是在这样的背景下推出，开放银行则是PSD2英国版本而已。

欧盟对数据权利保护进行的升级

欧盟数据立法从“指令”到“条例”，立法等级发生了明显的变化，也说明了欧盟对于数据权利的重视程度越来越高。同时，其立法的覆盖面也越来越广，如《保护条例》打破了传统立法管辖权，形成了新的跨境领域的国际法规则。传统的立法管辖权通常按照国家/地域划分。而《保护条例》管辖权划分的维

① https：//www. theverge. com/2019/1/21/18191591/google-gdpr-fine-50-million-euros-data-consent-cnil

度是“居民/行为”，也就是说《保护条例》适用于任何向欧盟居民提供产品或者服务的行为、个人、企业和其他组织，甚至只是收集、整理数据的非欧盟企业和组织，而与这些企业和组织所在位置无关。这意味着，欧盟境外的实体，通过互联网等形式处理欧盟境内个人的个人数据，也适用《保护条例》。从欧盟立法应对数据自由流通与数据保护的对峙来看，有三个重要举措值得特别关注，因为它们具有引发大数据和云计算时代立法管辖权冲突的现实性和潜在可能性。

数据保护成为基本权利

欧盟将个人数据保护作为基本权利的做法导致两个重大转变：一是把某些形式上涉及计算机技术发展管制的法律概念，转换成形式上不涉及任何具体技术的权利；二是“欧盟基本权利”这一标签的确立伴随着欧盟个人数据保护的发展，立足于长期以来与国家基本权利和国际人权有密切联系的欧盟法。从而使数据保护法因与欧洲人权公约的联系而具有“人权”性质。在随后的发展中，这一特性的确立使欧盟个人数据保护最终获得基本权利的地位，并且对于逐渐去除作为解释欧盟数据保护法之关键权利——隐私权的神圣光环而言，具有重要的法律意义。

基本权利的定性是欧盟数据保护基准的立足点，也是欧盟数据立法向世界各国提出的一大挑战。大数据时代，数据有必要从传统的个人隐私观念中剥离开来，构成新型社会价值的原子要素。其中不仅有人权侧面，同时还有尚待开发的社会、经济和政治侧面。数据保护法律制度的发展，应是顺应以大数据和云计算对数据的广泛运用而强化个人权利保护的必要举措。欧盟委员会在其制定的数字化单一市场战略中强调数据信息自由流通原则的重要性，主张在此原则下，除为确保个人数据之外，所有限制数据流通的障碍都必须清除，而不涉及自然人的所有数据都必须确保自由流通。《保护条例》就是体现数据自由流通与个人数据保护之间最佳均衡的法律文件。然而，《保护条例》所展示的这种均衡，能否承受得了对这种均衡有着不同追求以及数据技术发展所带来的压力，尚有待实践检验。

告别随意收集数据

依据数据的目的限制原则［《保护条例》第 5 条 1（b）］，在欧盟收集和处理数据需要明确界定其目的，并且这种数据不能用于与原始目的不相容的另一个目的。从基本权利引申出的这一原则，对大数据应用在欧盟的发展将直接产生影响，因为大数据的根本就在于活用数据，为不同目的而进一步处理数据集，并以某种收集数据当时可能没有设想到的方式对数据进行分析利用。

目的限制原则源于欧盟理事会（Council of the European Union，简称 COEU）（73）22 和（74）29 决议，并为后来的法律文件进一步阐述确认。1981 年欧盟理事会《关于个人数据自动化处理中的个人保护公约》（108 公约）第 5 条引入了一套包括目的限制原则在内的更详细的数据保护原则，同时也规定目的限制原则允许在特定条件下的减损。第 9 条第 2 款规定，“当对本公约第5、第6和第8条规定的减损由缔约方的法律规定，并在民主社会中构成以下利益所必要的措施时，这种减损应与允许：a. 保护国家安全、公共安全、国家货币利益或防止刑事犯罪；b. 保护数据主体或他人的权利和自由”。1995年的欧盟《数据保护指令》（Data Protect Demand，简称DPD）第6条规定了欧洲基本数据保护法原则，即公平与合法性原则、目的限制原则、数据最小化原则、数据质量原则和数据安全原则，而目的规范是该指令所确立的数据规则框架的核心内容。

限制数据向域外移送

《保护条例》第5章对数据向第三国或国际组织的移送进行了明确的限制性规定，并具体规定了允许移送的条件和管理制度。同时，遵守数据向第三国移送的法律规制，也是判断域内控制者和提供商处理数据行为合法性的一个重要指标。比如，告知数据主体数据移送［第13条（f）］以及移送相关的充分保护措施（第15条第2款）；数据处理者依法移送数据的义务［第28条第3款（a）］；保存移送数据记录的义务（第30条）。

根据《保护条例》，欧盟成立了欧洲数据保护监管局（European Data Protecion Supervisor，简称EDPS），负责辖内个人数据保护和信息自由流动的监管工作，并要求各欧盟成员国须成立专门的数据保护监管部门，负责执行《保护条例》和相应的国内法，如德国的联邦数据保护与信息自由专员办公室（BFDI）、法国的国家资讯自由委员会等。如果对监管部门的决定不满意，还可以向欧盟法院（CJEU）或欧洲人权法院（ECtHR）直接提起诉讼，将数据保护赋予行政和司法权力。除了从宏观调控方面将数据保护提到了前所未有的局面，在微观经济方面也切实落实到了各个实体上，《保护条例》规定欧盟机构、数据控制者和数据处理者设立“数据保护官”（DPO）。DPO 的职责包括：督促数据控制者和数据处理者履行数据保护义务、配合监管机构工作、代表所在机构处理数据保护实务、负责接收咨询等。DPO 的联系方式向监管部门和社会公众公开。DPO 可以是机构内部员工，也可以外聘，各机构应当向 DPO 提供履职相关的数据访问权限和资源。数据控制器或处理者不得因执行任务而解雇或处罚 DPO。

英国对数据保护同样当仁不让

英国是政府数据开放的先驱和领导者，同时也是全球政府数据开放程度最高的国家。据万维网基金会发布的《开放数据晴雨表》（Open Data Barometer）结果显示，英国的政府数据开放得分从 2016 年到 2018 年已连续三年位列全球第一，且总体得分遥遥领先于其他国家。

英国数据开放的逻辑

英国数据开放政策的逻辑基于两个视角：一是公民权利，二是数据开放价值。

从公民权利的角度来看，公共部门数据是一种公共资产，纳税人有权利免费获取这些数据。如《第一要务：智慧政府》（Putting the Frontline First：Smarter Government)[①] 中提到，公共部门在运行和提供服务过程中会产生许多非个人的公共数据，在数据收集过程中，纳税人已经支付了费用，因此有权利免费获取这些信息。例如公共部门，理应将其所持有的数据向公众免费开放。

从数据开放价值的角度看，数据开放能够带来巨大的政治、经济和社会效益，这是数据开放最为重要的内在因素，在英国政府数据开放的有关政策中几乎都有论述。如《开放数据白皮书：释放潜能》（Open Data：unleashing the potential)[②] 第三章提到，要建立信任，指出政府数据开放不仅可以促进政府透明，增强公民权利，打击腐败，同时还可以利用新技术手段来增强施政。2011 年 8 月，英国内阁办公室发布的《开放数据咨询》（Open Data Consultant)[③] 详细阐述了开放数据与公民和纳税人息息相关的问责制、支持明智的选择、公共服务效率、公共服务质量、社会发展、经济增长六个方面的价值。

机构责任的明晰作为执行的保障

数据开放与共享是一项长期的、复杂性的实践活动，需要国

① https：//www. gov. uk/government/publications/putting-the-frontline-first-smarter-government

② https：//www. gov. uk/government/publications/open-data-white-paper-unleashing-the-potential

③ https：//forum. kodujdlapolski. pl/uploads/default/original/2X/0/08a6fd1c1ce1c886725ad23bd4859f279b2a 99b2. pdf

家设置专门的机构和人员进行规划、领导、协调和实施等相关具体事宜。英国政府数据开放政策中有关责任机构的内容主要体现在以下两个方面：

第一，明确银行数据开放的责任机构。

从全局来看，英国政府数据开放的领导机构是内阁办公室，负责各部门的协调、监管以及相关政策的制定；社区和地方发展部负责地方政府数据开放政策的相关事宜；国家档案馆负责公共部门信息再利用方面的中央政策的制定，以及开放政策许可协议的制定和推广。就某一具体的数据开放项目而言，英国也会通过政策的形式施行。

第二，明确所有的责任机构。

以《2016 年至 2018 年英国开放政府国家行动计划》（UK Open Government National Action Plan 2016 to 2018）① 为例，该政策中做出了“确定和发布核心数据集”的承诺，并详细列出了具体的责任机构，如“领导实施机构”是内阁办公室（政府数字服务），“其他相关的政府责任机构”是所有的政府部门，“政府之外的其他参与机构（民间组织、私人部门、工作小组、多边机构等）”是 mySociety 和开放数据研究所。各个机构分工明确，各司其职，有助于政府数据开放项目的顺利实施。为实施政府数据开放，英国建立了许多专门机构来负责处理不同的事务，如《2011

① https：//www. gov. uk/government/publications/uk-open-government-national-action-plan-2016-18/uk-open-government-national-action-plan-2016-18

年秋季声明》（Autumn Statement 2011）[①] 和《关于 2011 年秋季声明开放数据措施的更多细节》（Further Detail on Open Data Measures in the Autumn Statement 2011）[②] 分别针对开放数据的推广、研究、利用，为政府提供有关数据开放政策研究，以及数据采集、管理、分发和数据政策的制定，提出建立开放数据研究所、数据战略委员会（Data Strategy Board，简称 SDB）以及公共数据小组（Public Data Group，简称 PDG）等机构。[③]

简而言之，英国政府数据开放政策有如下特点：一是类型多样。从政策类型看，英国已发布的政策包括标准政策、许可政策、规划政策等多种类型；从政策制定、发布的机构看，既有内阁办公室这样的中央政府发布的政策，也有国家档案馆、财政部以及商业、创新与技能等各部门及其他机构发布的政策。二是政策具有连贯性。英国几乎每年都会出台政府数据开放的政策，且很多政策都是基于之前的政策实施效果进行发布，前后政策具有继承和发展的关系。三是政策涉及面广，且具有很强的指导性和可操作性。已发布的数据开放政策涉及数据开放的依据、责任机构、目的、原则、开放数据范围、标准、许可协议、战略规划、

---

① https：//assets. publishing. service. gov. uk/government/uploads/system/uploads/attachment_ data/file/228671/8231. pdf

② https：//www. gov. uk/government/publications/open-data-measures-in-the-autumn-statement-2011

③ https：//assets. publishing. service. gov. uk/government/uploads/system/uploads/attachment_ data/file/228671/8231. pdf

隐私保护和人才培养等方面，这些政策规定细致、具体，很容易操作和实施。四是形成了一定的政策体系。英国的政府数据开放政策不是孤立存在的，全国性的政策与部门及地方性的政策遥相呼应，之前发布的政策与之后发布的政策紧密相连，从整体上涵盖了政府数据开放的方方面面，这些政策共同形成了英国政府数据开放的政策体系。

金融数据开放的潜在困难

防止金融数据垄断者重新出现

一些金融科技巨头凭借其在互联网领域的固有优势，掌握了大量数据，客观上可能会产生数据寡头的现象，从而形成数据垄断，例如某些机构掌握核心信用数据资源，某些机构掌握电商交易数据和金融数据，某些机构掌握传统金融机构和互联网金融平台的金融数据，某些机构则依托大股东掌握大量线下交易数据，还通过合作的方式掌握了合作企业的数据。包括信息技术在内的科学的进步，在政治上变得更加富有深意和基础性作用，银行数据再利用会带来经济繁荣的逻辑，但在银行数据开放的过程中，复杂的利益关系容易导致以“数据垄断”为特征的市场独裁。

银行开放大数据以“透明银行”和“程序正当化”为目的，强调的是银行数据的非歧视性（Non-discriminatory）、非私有性（Non-proprietary）及免于授权性（License-free），即除非涉及国家秘密、商业秘密、个人隐私等特别限制之外，银行应当无一例外地向任何人平等开放银行数据。但与此相反，互联网公司却以“数据利益最大”为终极目标，它们鼓吹“数据私有化”，而“数据垄断”是帮助企业实现目标的最好工具。

一旦银行与企业合作建设银行数据的开放平台，那么作为“网络基础设施”的银行大数据就有可能被集中到少数企业手中，数据垄断开始于企业帮助银行收集相关数据的阶段，在协助银行存储和分析阶段得到强化，最终在银行数据的开放和再利用阶段实现垄断。最终，这种基于银行的数据垄断，企业将利用数据市场的绝对支配地位，对数据市场的竞争以及对用户的隐私等合法权利保护起到消极影响。

打破数据孤岛困难重重

银行和企业都面临数据孤岛难题。大数据时代，数据已经成为核心资源，企业出于保护商业机密或者节约数据整理成本的考虑而不愿意共享自身数据，一些银行、行政部门也缺乏数据公开的动力。数据孤岛现象的存在，将导致大数据信用评估模型采用的数据维度和算法的不同，大数据征信模型的公信力和可比性容易遭到质疑。

数据安全和个人隐私保护难度升级

目前，金融数据的获取大致有四种方法：自有平台积累、通过交易或合作获取、通过技术手段获取、用户自己提交的数据。但是由于相关的法律法规体系尚不健全，数据交易存在许多不规范的地方，甚至出现数据非法交易和盗取信息的现象。大数据来源复杂多样加大了用户隐私泄露的风险，其一，金融大数据行业的发展乃至金融科技行业的发展，在很大程度上得益于互联网应用场景的发展，而大数据从互联网应用场景向金融领域的转移往往发生在一些金融科技企业的集团内部，这个过程缺乏监管和规范，可能会侵犯到用户的知情权、选择权和隐私权；其二，应用数据存在多重交易和多方接入的可能性，隐私数据保护的边界不清晰；其三，技术手段的加入，加大了信息获取的隐蔽性，一旦出现隐私泄露纠纷，用户将面临取证难、诉讼难的问题；其四，大数据采集数据的标准不一，用户的知情权、隐私权可能受到侵犯。可见，在大数据环境下，个人数据应用的隐私保护是一个复杂的消费者权益保护问题，涉及道德、法律、技术等诸多领域。

数据所有权之争：谁是下一个“开放银行”

数据保护的逻辑之辩

很明显，产生一项数据，参与方主要有记录方与被记录方。通常，数据只有忠实于被记录主体才具有价值，否则就是虚假数据或错误数据。当前对于数据所有权的归属主要有两种不同意见：一是归被记录方所有，因为数据所记载的信息是被记录方属性的客观真实的记录，离开被记录主体，数据就失去价值；二是归记录方所有，因为记录方花费大量投资于数据的收集和整理，从保护投资促进行业发展的角度，数据所有权应归记录方所有。

《保护条例》规定，欧盟公民个人数据处理、存储、传输都需遵守此条例。个人数据处理主要指银行对欧盟客户个人数据进行的任何操作，包括但不限于数据的收集、记录、组织、调整、更改、检索、咨询、使用、排列、组合、限制、清除或销毁等。个人数据存储主要指银行对欧盟客户个人数据（包括客户信息、账户信息、交易信息等）通过备份介质进行存放或备份。个人数据传输主要指银行在对欧盟个人数据进行批量加工，提供联机服务的过程中，所执行的个人数据传输，或将个人数据转移到第三国。

此外，《保护条例》还规定数据主体有权随时反对出于营销目的的个人数据处理，包括用户画像。一旦反对，数据控制者须立即停止针对这部分个人数据的处理行为。个人数据处理应遵守“目的限制”“数据最小化”原则。银行在保证业务正常开展、IT 正常运维的前提下，应对个人数据访问加强管理，实现最少有权人访问最少数据。个人数据处理应遵守“限期存储”原则，个人数据存储时间不应超过实现其处理目的所必需的时间。数据主体具有被遗忘权，即数据主体有权要求数据控制者删除其个人数据。而企业能够存储数据的数量也有上限规定。《保护条例》要求管辖范围内企业只能留存上限为500 万条的数据，许多企业不得不删除长期积累的大量数据。

目前，法学研究中常用的研究逻辑是“大数据就是大量的数据，数据的内容是信息，信息多是个人信息汇总而来，个人信息属于个人，所以大数据与个人信息密切相关，有可能侵犯个人信息权”（周林彬和马恩斯，2018），由此他们推断欧盟数据保护的逻辑也源于此。周林彬和马恩斯（2018）同意“大数据模型，即所谓‘用户画像’，才是大数据产业价值最集中之处”。而欧盟支持的恰恰是“数据主体有权随时反对出于营销目的的个人数据处理，包括用户画像”。

对于大数据的定义，有人认为是指无法在一定时间范围内用常规软件等工具进行捕捉、管理和处理的数据集合，需要新的处理模式才能具有更强的决策力、洞察发现力和流程优化能力，来适应海量、高增长率和多样化的信息资产。IBM（国际商业机器公司）提出大数据具有5V特征：Volume（大量）、Velocity（高速）、Variety（多样）、Value（价值）、Veracity（真实性）。周林彬和马恩斯（2018）认为“大数据不只是大量的数据的总和，还包括大数据算法、大数据模型和大数据应用”。并且他们认为，个人信息、信息、数据、大数据之间的关系是“个人信息是人身权问题，信息既是人身权问题也是公共产品问题，信息的数据化是人身权的财产化问题，兼具人身权和财产权两方面特点”。

周林彬和马恩斯（2018）的观点事实上也代表了国内很多学者的观点。他们往往认为原始数据是终端用户所存储使用的各种数据，它构成了物理存在的数据。网上购物生成的数据、患者病史信息、社保个人账户数据、海关记录的各公司进出口信息、知识产权局记录的申请信息等，由于此类数据与被记录主体息息相关，初始所有权一般归被记录者（即终端用户）比较合适。

大数据技术的战略价值不在于掌握数据信息有多庞大，而在于对这些含有意义的数据进行专业化处理。如果把大数据比作一种产业，那么这种产业实现盈利的关键，在于提高对数据的“加工能力”，通过“加工”实现数据的“增值”。这种加工不是简单的数据汇编及排序，而是通过有效地汇聚、利用和分析数据，提供完整的数据集成、清洗、比对、标准化、资产化、管理、开发、分析、挖掘、应用、共享、交换、开放、运营、安全、质量等端到端的解决方案，提升数据资产价值密度，进行数据资产化及数据的价值化，产生更大的新价值。

大数据不同于原始数据，是原始数据经过资产化和价值化，经过从数据到信息再到知识的价值提炼后，具有了新的价值。大数据所有权应该归产生新价值的一方所有。这样才符合国家发展大数据的战略意图和实现大数据真正的战略价值，才能鼓励对大数据产业的投资和发展。

当然，大数据也是基于原始数据而产生的，这涉及原始数据的初始所有权如何保护的问题。大数据所有权拥有者在收集、使用原始数据之前，应该要有初始所有权人（被记录方）的授权，并对隐私安全、使用范围和用途等做出承诺。这与基于产生新价值的大数据所新产生的所有权并不矛盾。

大数据所有权人只能对有了新价值的大数据进行商业交易，对原始数据，无论是经过怎样形式上的汇编、排序等编辑，只要汇聚的数据不产生新的价值，都不允许其交易。允许原始数据（本质上）的交易，不仅与发展大数据产业的初衷背道而驰，从某种意义上讲，是将倒卖个人隐私、个人信息合法化，对大数据产业发展有百害而无一利。

对数据权利本身所有权的争论，事实上意味着后续开放银行在我国的发展之路与别国自然不同，而继开放银行之后出现什么样的变革，或许与此又密切相关。

数据保护与数据流通自由

既然《保护条例》对于消费者个人数据保护如此重视，为何又通过 PSD2 强制银行开放数据呢？这种恰似自相矛盾的处理，使开放银行可以在欧盟，特别是在英国首先诞生，并且也可以作为打破银行金融数据垄断的尝试。“公开权与隐私权相对，其要义并非在于惩罚人身权的侵权行为，而是赋予请求权主体对不当占有其人身权财产利益的求偿权。欧盟的立法中引入公开权制度，将数据财产界定为个人所有”（周林彬和马恩斯，2018）。同时他们认为，“我国的立法模式中部分引入公开权制度，在有条件的情况下将数据财产界定为企业所有”。

不可否认，银行的绝对优势地位、大数据技术对信息自控的威胁，以及被忽视的消费者经济利益，都集中体现于银行交易过程。从消费者权益保护的历史来看，消费者保护的渊源在于纠正市场失灵的困境，按照实质正义的要求对契约的形式进行相应调整。若民法强调自愿的交易，那么消费者权益保护的核心目标在于确保公平的交易。由此，应对大数据时代的消费者权益挑战的方法在于，重构以消费者权益为中心的数据保护机制。

本质上，消费者权益保护对银行交易的保障在于确保交易的程序正义和实质正义，也就是说，平等的议价能力、公正的合同条件和有效的救济手段。具体而言，程序性的公正性意味着合同的谈判或议价不存在压制和无知的情形，实体性的合理性则体现为合同条件是正当的，双方并未滥用权利。

在消费者权益保护层面上，消费者和服务提供者应充分磋商缔结银行服务协议。一般而言，在确定银行交易是否公正时，法院将评估交易过程中载有双方权利义务的银行协议是否被明确地展示给消费者，消费者是否有机会阅读该协议，以及消费者是否清晰地、明确地表明对条款的接受。总之，消费者权益保护中的缔约公正性包括消费者的知情要求和同意要件。银行业长期存在银行服务不透明的问题。若将消费者的知情要求适用于数据主体，那么，数据主体的权利内容可细分为以下方面：

第一，数据主体应有事实上的或推定上的认知。美国律师协会电子缔约工作组曾指出，在电子化语境下，如果通过滚动条能够展示协议的部分内容，或者通过以普通水平的用户能够注意的方式展示条款，那么可以认为银行已履行向用户充分告知的义务。然而，在银行交易中，若企业将协议放置在不明显的超级链接上，或理性的人将不会注意此类超级链接，或理性的人无法知晓其通过点击意将缔结合同，那么法院不会执行上述协议。因此，在互联网语境下，在使用服务前，作为消费者，用户对服务协议的条款和条件应具有事实上的或推定上的认知。如果银行服务提供者未能履行向用户充分告知的义务或损害数据主体的知情权，那么该合同可能不生效。

第二，数据主体的权利和义务应不模糊地展示。服务协议中的用户权利和义务必须合理地展示，否则企业将面临法院不执行合同条款的风险。一般而言，银行协议中的权利与义务包括用户的提交事项、禁止性内容、银行群体规范、发布信息的责任、网站的所有权、拒绝或移除发布的情形、账户的终止、内容所有权的准据法、法院选择、隐私政策、担保声明、责任限制、知识产权侵权、通知和关闭条款、使用数据的许可、第三方网站和服务、对协定的终止和修改的条款等，上述内容应清晰地列出和明示。在海因斯诉 OSTK（Hines v. Overstock. com，Inc.）案中，美国一家服务提供商在其网页上写明："进入本网站即构成用户对本条款和条件的接受。"其条款包括任何与访问网站方式相关的争议，都必须在 OSTK 总部所在地进行秘密仲裁。然而，美国联邦法院认为，作为消费者，数据主体并没有获得关于"条款和条件"的通知，进一步说，法院指出网站并没有提供用户合理阅读合同条款的机会，并且该链接以不显著的方式展示，因此，该银行的浏览同意协定是无法执行的。

第三，数据主体应具有合理的阅读机会。在施佩希特诉网景通信公司（Specht v. Netscape Communications Corp.）案中，美国第二巡回法院拒绝认可互联网服务协议条款的有效性。其理由在于：在消费者做出同意前，尚不确定服务提供商是否提供消费者阅读合同条款的机会。具体而言，在该案中，互联网公司主张应依据互联网服务协议进行强制性仲裁，并要求终止诉讼程序。然而，审理该案的法院指出，在消费者按下“立即下载”按钮免费下载软件时，服务协议条款放置在屏幕下方的事实不足以表明该公司已经询问过消费者，且不足以推定消费者已获得通知。本质上，在缔结合同前，用户阅读、审阅和理解格式条款是消费者的一项基本权利。德国法兰克福地方法院曾指出，虽然三星企业提供超过 50 多页的数据政策，但并没有提供超级链接，或者是可以跳转至特定页面的选项，因此消费者无法合理获知数据政策的内容，上述做法构成不公正的商业实践。

在合同缔结中，当事方同意对于合同成立是必不可少的。虽然互联网改变了法院适用法律的事实背景，但不管是书面的、口头的，或通过行为表达的，双方合意表示仍是合同的基石。作为基本原则，对合同的接受必须是积极的且明确的。作为消费者，在知悉互联网服务协议的条款后，数据主体应对互联网服务协议表示同意。在互联网语境下，消费者表示同意的方法主要有四种，即点击同意、开封同意、浏览同意和注册同意。点击同意的协议是通过用户点击“我同意”按钮确定协议条款；开封同意的协议是通过获得产品而表明同意；浏览同意一般是在网站中表明若用户通过使用服务，或者安装程序，则该协议将具有拘束力；注册同意需要用户进行注册，才表明用户对协议表示同意。

尽管存在不同的形式，消费者同意要件的核心在于建构消费者对格式合同的事实上或推定上的认同。对于不同形式的同意而言，对其认同的标准有所差异。针对浏览同意而言，由于数据主体可能在未阅读协议前，甚至在不知晓协议网页存在的前提下，持续性地使用网站及其服务，与点击同意、开封同意和注册同意相比，数据主体的同意需要更大程度的清晰度。

谁是下一个“开放银行”？

数字经济下法律价值序列的实质，是重新平衡言论自由、个人隐私、经营自由、流动自由和公共利益等基本价值和利益。这种平衡既是立法者对商业创新和个人保护的权衡取舍，也必然是在既有数字产业的现状下对市场竞争优势、经济长期发展和社会目标实现的不同选择和不同追求。（金晶，2018）

既然对于商业创新和个人保护的权衡不同，那么下一个“开放银行”在不同国家自然不太可能相同。我们这里给出几个可能具有共性的猜想。

首先，最可能的是在打破银行数据垄断之后，进一步打破包括信托、保险、证券在内的行业机构的垄断，以及现有的数据所有者的数据垄断。很明显，就金融行业来说，银行的体量在很多国家并不比其余金融机构大，因此其他非银行金融机构的数据同样需要采用 API 技术进行共享。而现有的科技类公司，包括金融科技公司同样需要采用 API 技术进行数据分享。

其次，对于开放银行本身而言，虽然 API 技术已经排除了第三方直接拥有数据的可能性，而只能调用相关的信息，但是依然存在一定的风险，分布式账本技术的普及，有可能在 API 的基础上再次为信息共享保驾护航，因此会被银行主动采纳或者政府强制某些数据的收集和共享必须采用分布式账本技术。基于分布式账本技术的智能合约和银行的清算/结算或许对银行的冲击短期内超过开放银行。

最后，我们必须再次从“银行服务”的“本我”角度来看待所有的变革。银行服务并不必然需要银行提供，那么是不是所有提供银行服务的机构都应该按照开放银行的要求开放数据呢？例如第三方支付机构、消费金融类公司、小贷公司等。

我们可以发现，“开放银行”的出现其实有两条线索，一是法律保护变革的线索，二是银行服务本身进化的线索。前者对于银行的影响是较难预测的，例如欧盟对于个人数据的保护不是一朝一夕的事情，从《保护条例》到 PSD2，再到英国的开放银行，其实在 10 年之前都很难预测。但是从银行服务提供的方式来看，包括布莱特・金等人，都看到了银行会发生很大的变革，而从我们的视角来看，银行服务提供方式的变革才是对银行最大的冲击。法律的演变并不排除会有和技术变革相冲突的地方，而往往能够取得胜利的自然是技术本身。从“银行服务本身必然存在，而提供银行服务的载体（或机构）并不必然是银行”来看，开放银行或许在短期内能够促进银行业的竞争，给新进入者机会，但是由于银行服务本身的抽象化和无差异化，银行业可能会经历较大的洗牌，存留下来的银行提供最基础和底层的无差异银行服务，类似中国铁塔股份有限公司，更多的内容提供商将在银行服务的基础上以及银行即平台的基础上开展有差异的金融服务。

第五章

未来银行：银行开放与服务无界

追求金融效率的提升是人性使然，金融的智能化和服务的无界化趋势已经确立。银行 4.0 时代的玩家需要明白，银行 4.0 的关键转变不是银行的要素发生了转变，而是客户办理银行业务的方式发生了转变。消费者依然需要银行服务，而银行为消费者快速提供体验的能力非常重要，提供无摩擦和无所不在的嵌入式服务才是银行发展的终极目标。通过第一性原理重新思考银行与银行服务，银行需要对自身进行重新定位。数字化水平和技术驱动将是未来银行制胜的关键要素，其他模式和架构的选择都是以这两个要素为基础的。银行需要制定全面的数据策略，实现对客户全方位的了解。银行同时也需要提升打造技术平台的能力，在客户需要的时候，随时提供服务。

开放银行与银行服务无界

银行在 4.0 时代的重新定位

按照我们对银行发展阶段的分类，从银行 3.0 基于互联网的银行服务出现以来，个人电脑终端和智能手机彻底打破了银行服务的空间与时间限制。银行 4.0 阶段，以开放银行为肇始的银行服务无处不在，并且是即时的、情景体验以及无障碍互动的。

第三方支付是随着互联网的发展无意识地打破了银行对支付和金融数据的垄断，而开放银行则是首次在数据所有权被唤醒的情况下，政府从立法角度保护消费者对自身金融数据的所有权和支配权，同时在其他数据保护法的基础上，允许第三方机构在获得授权情况下，使用消费者金融数据作为其他服务的起点，在打破银行数据垄断的同时，使消费者享受金融科技进步带来的好处。

如果从基本服务入手，采用第一性原理重新思考和定位银行实体本身，那么在金融数据开放的开放银行时代，银行会因为金融数据的不断扩散而进入之前没有进入的领域与场景，更能使银行服务无处不在。例如，基于人脸识别技术，已经有很多银行在营业网点采用自助式开卡服务，但是依然需要客户到银行网点，而互联网银行则完全不需要客户到实体店进行开卡服务。贷款也是如此，互联网银行通过手机应用程序，直接采用人脸识别进行远程认证，同时结合第三方支付平台的数据，对客户进行授信，然后在几分钟之内完成放款。大型商业银行的信用卡服务虽然也可以使用手机终端实现借款功能，但是由于信用卡本身的申请较为复杂，因此科技并没有发挥重要作用。

如果银行服务无处不在，那么，首先需要从根本上改变银行的定位，即银行不再是传统的营业网点形式，而是银行即服务。其次，服务本身在用第一性原理重新思考之后，可以把更多 2C（针对个人客户）业务通过到场签名、现场指纹录入等远程实现所有操作，而不是局限于现有的物理状态。

正是因为未来地理区间不再是银行服务的限制，因此金融科技对于银行来说必不可少。前文所提到的业务都需要依托人工智能，而大数据和云计算等技术提高了银行贷款和服务审核的效率。此外，区块链技术可以使信息传输更安全，其可追溯性也能够排除信息造假的情况。

就银行的非对私业务和银行间清算以及跨境支付等领域，区块链技术的特点使得银行内部的结算和清算在交易发生时直接完成，而不再需要额外的步骤。这也必然大幅降低了银行内部的结算和清算成本。基于区块链的交易又可以追踪，因此银行开放的风险会通过技术手段不断优化和解决。

那么，为何非欧盟国家银行也在积极行动呢？

开放银行是英国政府强制要求 9 家银行按照法律规定采用 API 方式开放银行数据的方式，但是到目前为止，很多国家都没有就开放银行进行立法，更没有打破银行金融数据垄断。然而，中国很多银行已经开始开放自己的 API 接口，例如新兴互联网银行四川新网银行开放了 300 多个 API 接口，涉及消费信贷、支付结算等业务类别。浦发银行于 2018 年 7 月推出了 API Bank。建设银行与招商银行同样，建立了自己的开放银行管理平台。美国的花旗银行早于 2016 年就推出了 API 开发者中心（API Developer Hub），将账户管理、账户授权、信用卡、转账等八大类 API 开放给外部开发者调用，开发者可以根据设想开发各种有创意的金融应用程序。

当第三方支付第一次打破银行机构对金融数据的垄断时，消费者可以不用直接通过银行账户本身进行交易，而是通过第三方支付机构进行交易，银行不再独家拥有消费者金融数据，也不再是消费者进行支付的唯一渠道。1998 年成立的贝宝和 1999 年成立的北京首信和上海环迅就是典型代表。

然而，政府对于第三方支付带来的冲击还没有做好充分的准备，银行同样没有意识到支付冲击只是后续变革的起点。政府对于金融数据所有权以及其他数据所有权的保护立法以及由此带来的银行数据开放立法都相对较晚。我国到 2004 年的《电子签名法》才首次公开承认电子交易的合法性，欧盟的《支付服务指令》则从 2001 年开始酝酿，到 2007 年年底开始实行。美国则没有专门的立法，通过《金融服务现代化法案》对第三方支付进行监管。

第三方支付给银行带来的冲击是始料不及的。据中国央行数据显示，从 2013 年到 2017 年，第三方支付机构累计发生的交易规模从 9 万亿元增加到 143 万亿元。另外，根据中国支付清算协会的统计数据，2017 年支付机构跨境互联网支付交易笔数为 12.56 亿笔，金额超过 3 000 亿元。而对金融数据所有权的再认识，则促使监管当局重新调整立法。例如英国竞争与市场管理局认为，应该增加银行业的竞争和创新。欧盟也对《支付服务指令》进行二次修订，英国则引入了开放银行。这些或许都是促使此次各国银行积极应对的主要原因。此外，本书认为还有以下几个原因。

一是当人们已经认识到数据的重要性和所有权之后，立法对私人数据安全性和所有权的保护必然会越来越细化，并且无论时间早晚都会推出相应的法律法规，同时打破现在数据拥有机构的垄断权力。

二是随着金融科技的发展，自第三方支付切入银行数据之际，银行业最初得到的保护并没有阻止人们的选择，相反，在我国支付宝和微信支付等第三方支付机构业务越做越大，并且某种程度上取代了银行而存在。银行如果再次拒绝开放银行的话，等到相关法律出台之际，银行将会陷入非常被动的状态。

三是通过开放银行将数据按照消费者的意图分享给第三方机构，无论其是个人财富管理的提供商还是信贷提供商，或者消费服务提供商，都会增加客户对银行的黏性，通过便利性吸引更多客户。

四是银行业务尤其是对个人的业务正在发生本质性变化，开放银行只是开端，后续随着金融科技的进步，可能会有更多创新出现。积极适应改变而不是等待被动淘汰，对银行来说是明智的选择，同样可以带来丰厚的利润。

五是现有银行原先已经开发过相关的 API，但是没有形成体系。尽早开放数据，并且确定分享数据的类型，可以取得数据分享的话语权。早期的 API 平台如果发展较快，则可以成为一个公共的平台，吸引其他银行使用该平台，从而扩大自身影响力。同时，早期开放 API 接口的银行，更有可能获得年轻一代的客户。

需要指出的是，由英国开放银行实施组织制定，并与 CMA9

全部成员协商通过的开放银行实施时间表（Agreed Timetable and Project Plan），原本规定英国竞争与市场管理局要求的 9 家成员银行应在 2019 年 3 月 13 日前达成移动开放银行目标——银行移动 App 与其他第三方移动 App 之间实现公开且合规的数据共享，而目前仅有 4 家银行达成了以上目标。4 月 1 日，英国竞争与市场管理局对 5 家银行——爱尔兰银行、丹麦丹斯克银行、汇丰银行、劳埃德银行集团和桑坦德银行发出警告，督促它们采取行动以尽快赶上原定进度，并且公布了包括建议这些银行聘用外部专业顾问以核实计划和推进进度在内的一些具体指引。

以开放银行为契机的银行开放

如果以成立于 1694 年的英格兰银行作为现代商业银行的起点，那么银行存在的形式在过去近 300 年中没有太多本质的变化。银行的基本服务，存款、贷款、支付等业务模式始终存在。但是自信息革命之后，计算机相关技术不断进步，自 1967 年 ATM 的出现始，银行服务突破了银行网点和工作时间限制，人们可以在不用银行员工指导的情况下进行借记卡的取款、存款、转账、账户查询以及信用卡的取款、还款。POS 出现之后，人们则可以摆脱现金交易。

通讯科技的快速发展，尤其是智能手机的普及，使得第三方支付打破了银行对支付服务的控制，令许多没有接触过银行服务的人都有机会得到金融服务。开放银行在此基础上从法律层面打破了银行的数据垄断，银行至此无论愿意与否都必须无条件提供消费者的金融数据给授权的第三方，这给银行带来的冲击可想而知。但从根本的银行服务角度来看，银行服务不但没有消失，反而不断得到加强。

首先是支付业务。支付业务只会随着银行数据开放的规范而更加重要，银行同样可以利用开放 API 的机会，为更多的第三方机构提供授权数据的服务和支付、转账等服务。

其次是私人贷款业务和中小企业贷款业务。随着基于大数据兴起的各类消费金融公司和互联网银行的进入，针对个人的消费类信用贷款市场不断扩大，中国央行数据显示，截至 2018 年年末，住户短期消费贷款余额为 37.8 万亿元。贷款程序越来越简化，银行同样可以在原有信用卡的基础上为更多的客户提供贷款服务，并且基于数据交换带来的反馈，可以更好地识别私人信用情况，通过不同场景的数据交叉验证，从而有效降低坏账率。

对中小企业而言，传统的金融服务很难在没有抵押或者其他保证的情况下发放贷款，但是通过 API 数据的放开，中小企业的日常经营数据对于银行来说更加透明，在能够提供的贷款种类上有了更多的选择。而中小企业往往也不是消费金融企业的目标客户，因此存在很大的改善空间，有望成为银行贷款利润的新增长点。

最后是个人财富管理。现有情况下，如果一个消费者拥有两个以上的银行账户，那么他需要登录不同账户或者 App 才能够分别查到不同账户的收支情况。如果他需要知道自己某个时期的总体收入/支出情况，就需要自己把所有账户的信息进行综合，包括第三方支付机构的数据，例如支付宝或者微信账户。显然，对银行而言，能够自己或者通过和金融科技类企业开发基于现有API的类似财富管理的应用，将会是一个很大的市场，并且在现有客户人数较多的情况下，率先推出这样的应用将会是自身优势的继续保持，甚至吸引其他银行客户。例如Mint已经进入个人财富管理领域，通过它的App，消费者可以轻松地了解自己所有账户的情况，同时它还提供不同信用卡数据的比较，让消费者可以得到更适合的信用卡服务。荷兰银行集团推出的App Yolt也是个人财富管理类应用程序，除了可以连接所有账户之外，还可以提醒客户发薪日的剩余时间以及基于经常性直接借记的可用余额预测。

银行开放背后的技术进步

银行开放背后的科技

2015年，高德纳咨询公司指出开放银行API、App以及应用商店（Apps Store）的发展可能需要的时间。如表5.1所示，当时它们预测在两年内，银行首先需要的转型，例如金融科技API和内部API都将会出现。收益率高的商业银行应用以及众包（Crowdsourcing）也会出现，内外部的黑客松也会出现。

表 5.1　开放银行 API、App 和应用商店的优先矩阵（2015 年）

	被广泛应用的时间			
	小于 2 年	2～5 年	5～10 年	10 年以上
转型进程	金融科技 API 内部 API	商业银行 API 公共网络 API 零售银行 API	开放银行体系 可编程商业模型	
收益高	商业银行 App 众包	API 可行的经济生态 应用服务管理 银行雇员手机 App 开放银行战略	银行应用商店 开放商业模型 由软件定义的 应用服务	
收益中等	外部黑客松 内部黑客松	API 市场	OAuth 开放银行项目 开放认证连接	
收益低				社区源银行体系 开源银行体系

资料来源：Gartner（July 2015）. Priority Matrix for Open Banking APIs，Apps and App Stores. 2015

在 2～5 年左右（即 2017 年到 2020 年），商业银行和零售银行的 API 将会出现，公共网络也会有 API。在 API 可行的经济生态、应用服务管理、银行雇员手机应用以及开放银行战略这类收益高的领域也会出现。API 市场收益率虽然不高，但是仍然会出现。

在 5～10 年左右（即 2020 年到 2025 年），开放银行体系将会形成，可编程商业模型也会成型。银行应用商店、开放商业模型以及由软件定义的应用服务都会出现。收益率一般的 OAuth、开放银行项目以及该开放认证连接都将出现。只有 10 年以上的时候，才会出现收益率较低的社区源银行体系以及开源银行体系。

站在2019年的时点，不得不承认到目前为止，高德纳咨询公司当年的预测还是比较准确的。目前包括非欧盟国家在内的商业银行已经有了自己的API，开放银行战略也得到了更多银行的认可，虽然API市场暂时还没有形成。但是按照现有的发展模式，后续的预测非常可能逐步实现。

另一方面，2017年高德纳咨询公司再次更新数字银行转型的图谱。根据其预测，数字银行多渠道集成解决方案是一切的起点。两年内可以完成的项目包括平板电脑的应用、金融科技的API以及非成熟市场的移动支付、智能手机终端的远程银行服务等。大部分的科技都将在未来2～5年内实现，例如开放银行、公有云、API标准、开放银行系统等，而在未来5～10年，重大突破主要在分布式账本技术方面，从智能合约到基于分布式账本的支付，当然，还包括核心银行的公有云等。

从上面的分析可以看出，如果银行希望可以在银行4.0时代再次掌握主动权，必须积极拥抱这些技术进步，无论是和第三方合作还是独自研发，才能让自己成为平台，不是别人平台的一个接口或者按钮，未来无形银行时代的竞争是更加难以捉摸的，科技先行是银行应对开放银行带来冲击的最好方式。

银行需要做什么?

就目前而言，银行本身依然是所有银行活动的中心，只是实体银行和数字银行需要重新组合，成为纽根（Newgen，2018）所称的“物理数字化”（Phygital）银行。这意味着银行一方面依然会保有网点，但是客户又可以通过自己的需要、经验和喜好定义获得银行服务的渠道。

银行通过“虚拟银行家”（Virtual Banker，Newgen，2018）的方式，让客户在银行网点和银行客户经理远程通信，由银行客户经理提供相应的服务，而并不一定需要在网点设立专职客户经理，或者把某些类别的客户经理按照使用频率等统计结果进行更加合理的配置，有效降低银行成本。而客户则能够自由选择数字服务或者网点服务，或者网点内的数字服务，使消费者真正能够获得多渠道体验，在物理平台（网点）和数字平台之间自由切换。

如果敏捷银行是未来银行需要具有的品质，那么它至少需要具有表 5.2 所述的特征。

银行通过重新定义“电子钱包”，可以再次获取存款以及支付的主导权。随着银行陆续采用开放银行方式开放数据，很可能会出现帮助消费者打理多个银行账户的第三方软件，并且采用类似第三方支付技术，通过实时查询了解所有私人账户信息，为消费者提供更好的服务。与此同时，对银行来说，可以通过开发新的“电子钱包”，加之银行本身和客户之间的黏性，并且在中国这种针对第三方支付账户提取资金需要支付费用的情况下，就可以把原先流失的客源再次吸引回来。当然，如果足够方便的情况下，可以将客户在其他银行的存款同样吸引过来，从而形成最大竞争力。

表 5.2 敏捷银行的主要特征

以客户为优先的任务	敏捷银行不需要改变现有的产品系列，它们不断改变和尝试新的方式来与客户互动
广泛创造营收的能力	敏捷银行会通过数字渠道获得大部分收入、完成大部分交叉销售和向上销售。它们重新打造组织架构使分行网络等固定成本最小化，并将重点放在变动成本，以绩效为基础的预算目标来驱动成果
快速的产品设计与分销	分销非常灵活，在推出新的创举时，渠道只需要数天或数周时间，而不是数月来完成
建构原型与持续学习的文化	测试、推出、失败、再测试。厌恶风险的本质导致新创举的反复测试，现在新的方式出现了：预览版本、测试版本、最终测试版本。这对传统公司和监管者来说是一个巨大的改变，需要逐步适应
优化渠道和数字化全通道	优化的实体数字化策略，或优化的实体与数字渠道一起发挥效用，是敏捷的关键。依赖唯一渠道进行任何核心活动，是所有敏捷银行都不乐见的——它们会根据客户的行为来做反应

资料来源：本表引自《银行 4.0》，表 9.1 敏捷银行的主要特征。

银行需要重视社交媒体，尤其是当前的自媒体等新兴媒体。目前公认的社交媒体起源于 1978 年，沃德·克里斯滕森（Ward Christensen）和兰迪·瑟斯（Randy Seuss）发明了 BBS（电子布告栏）。1994 年到 1998 年出现了第一批现代社交媒体。1999 年 8 月 23 日，Pyra 实验室推出了第一款博客（Blogger）。虽然基于个人电脑端的自媒体数量增长也算比较迅速，但是其影响力和基于手机终端的社交媒体无法相提并论。在苹果发布第一代 iPhone 之后的一年，脸书已经拥有 2 亿用户。布莱特·金（2012）指出，“任何拥有接近 50% 人口普及率的科技或手段，都应该成为零售银行的绝对优先渠道”。一方面，任何银行都不可能在社交媒体上控制舆论，另一方面要通过社交媒体加强与消费者的互动，深入消费者的生活场景之中。

银行服务的完整性与未来银行

银行服务的完整性

试想只有一家银行，那么所有涉及的银行服务自然都由其提供，我们所谓的银行服务的完整性——能够随时掌握个人银行服务及相关信息——是天然具备的。然而，银行业不仅仅有一家银行，不同的国家也会有自己的银行体系，一国之内也会有很多家银行，这意味着银行服务本身是割裂的，而银行服务则是类似的。如图5.1所示。

银行4.0时代银行成为服务平台之后，银行服务再次归于完整，背后由哪家银行提供服务不再是重点。诚然，在银行4.0时

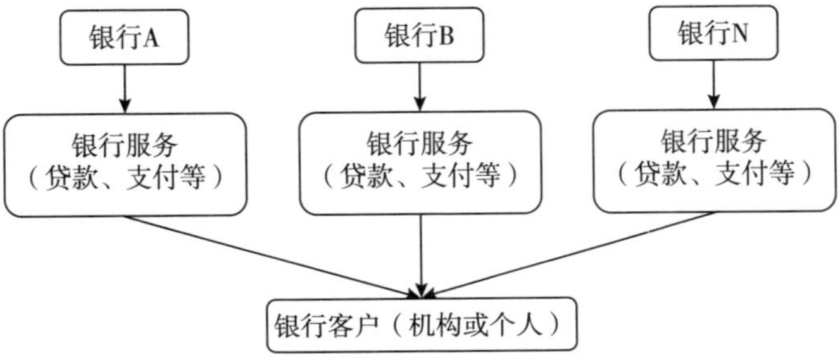

图5.1　割裂的银行服务

代，银行 1.0、银行 2.0 和银行 3.0 依然存在，而银行 4.0 时代也只是由银行或者第三方提供的无所不在的银行服务，即跨越时间、空间和媒介的银行服务，我们可以认为银行服务的无界性已经成型。如图 5.2 所示。然而，在目前割裂和独立的银行个体之间，银行服务的完整性还没有真正意义上实现，开放银行服务可能是银行服务完整性的一个重要契机。

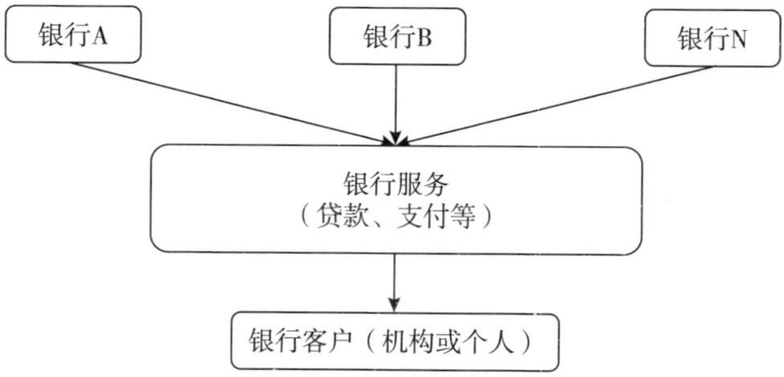

图 5.2　完整的银行服务

开放银行的强制实施使完整的金融服务不再只是空想，至少此后银行不再是金融数据的垄断者，个人的金融数据也不会孤独地分布在各个信息孤岛，而可以通过授权第三方获取综合这些数据，为消费者提供综合账户信息服务，并且可能在此基础上进一步提供相关银行服务，例如信用贷款、理财等服务。

对于中小企业来说，它们同样需要便捷的银行服务，如果在基于区块链技术的基础上，能够确保所有交易的真实，再通过开放银行实时的互换数据，那么银行能够为中小企业提供更高额度的信贷、更快速的贷款到账，同时提供包括应收账款贷款在内的各种银行基本贷款服务。

此外，从政府监管角度看，反洗钱是银行需要协助的重要工作。如何快速追踪某些款项的流向以及来源是银行一直需要增强的。在银行即平台之后，银行可以通过第三方机构提供服务，能够把银行服务的触角伸到更细分的领域，从而为反洗钱工作提供更多帮助。

未来银行

开放银行源于人们对数据所有权的再认识以及法律对数据的重新确权，是打破银行垄断数据的必然结果，也可以被看作互联网时代数字化革命对银行最重要的影响。

金融科技的出现很多时候是帮助银行提高生产率的，无论是人工智能实现的远程开户、大数据实现的新风控方式，或者分布式账本技术对于未来银行清算、结算的颠覆，又或者对于跨境支付的变革。虽然会有互联网银行这样的机构出现，但是传统银行可以很容易跟上技术进步，在自身业务中加入互联网银行的成分即可。

然而开放银行由政府通过"顶层设计"的方式强制推广，对于银行的影响或许比第三方支付对于银行的冲击还要大。第三方支付第一次打破了银行的数据垄断，同时甚至不需要消费者拥有银行账户的情况下就能够获得银行服务，这对于银行来说是始料未及的。

未来银行或许不再是一个实体店铺，当然，大家还是可以看到它们的招牌和广告，也会有一群人在某个总部大楼里面负责维护机器设备，但是更可能的是负责开发和维护应用和后台管理系统的程序员，而不再是富丽堂皇的大楼和西装革履的银行家。

吸收存款的法定唯一性

对我国而言，银行及存款类非银行金融机构（财务公司除外）与其他机构的最核心区别在于，银行可以吸收公众存款，而其他机构吸收存款都是非法的。需要注意的是，这里的吸收存款指的是银行作为整体来看，换句话说，就不同银行来看，一家银行吸收存款对另外一家而言是重大损失而不是获益。因为按照信用创造货币理论，发放贷款受限于银行本身的准备金（如果存在准备金制度）以及其现有的存款。

就银行及存款类非银行金融机构区别于非银行机构而言，能否吸收存款未来可能是唯一的区分，当然也是最重要的区分。这一点可能会一直存在，从而确保银行业和其他行业能够有效区别，并且银行需要接受相应的监管。但是就银行内部来说，如何能够吸收更多的存款呢？考虑一种极端情况，假设将来全部是电子货币，所有交易都通过电子方式进行。彼时，银行该如何获得更多的存款呢？

以往由于网点的数量和 ATM 的数量有差别，较多网点的银行相对而言更具有吸收存款的优势，并且由于银行服务的割裂，很难同时比较不同银行间的存款利率、理财产品情况或者信用卡情况。因此由于摩擦成本的存在，人们一般很少会主动转换银行，除非难以获得该银行的服务。

开放银行时代，人们可以通过某一款应用程序就能够直接把所有资金归拢到自己最喜欢的银行账户，其他的银行账户可能并不会有任何资金余额，因为转账成本近乎为零，应用程序可以按照规则自动完成所有交易。而就贷款端而言，银行的信用卡审核相对较严，并且利率很高，而纯粹的互联网银行等的利率相对低廉，并且从难易程度来看，任何银行服务的推广都可能会被消费者手机端的应用程序进行第一轮筛选，从而不具备竞争力的贷款服务直接被过滤，消费者根本没有机会看到该银行的广告。但是能够按照较低利率提供贷款，必然意味着银行要有强大的风险分析能力，能够在同等条件下更精确地进行风险定价，这也必将成为银行的核心竞争力。

此外，能够多渠道得到消费者的相关数据，通过不同的数据进行交叉检验，才能更加客观地评价消费者的还款能力和还款意愿，这需要银行能够深入消费者的不同场景，并且数据可得到消费者的授权回流到银行。银行的数字渠道的建设能力，也将成为其核心竞争力。

然而，由于存款和贷款的分离，即便风控建模最为先进，但是如果没有足够的存款支撑，依然不足以放出足够多的贷款，银行的盈利能力没法得到进一步的提升。这或许将是银行未来最看重以及有待解决的重点问题。

银行即服务以及银行即平台

我们在第一章简单介绍过银行即平台的概念。银行希望银行成为平台，意味着银行的几项基本服务将构建在这个平台之上。按照国际知名研究与咨询公司赛讯（Celent）的分类，至少有四类：一是银行财富，二是核心银行服务，三是风险管理，四是数字渠道。

如图 5.3 所示，赛讯公司把总账本、资产负债管理以及流动性管理列入银行财富类别。核心银行服务主要包括存款、贷款和支付。风险管理包括企业风险管理、风险分析以及反洗钱和了解你的客户。数字渠道则包括线上银行、ATM 系统以及银行分支。这些服务通过 API 接口和消费者以及第三方提供商组成一个生态系统。

在这个系统中，消费者仍然按照自己的想法享受金融服务，

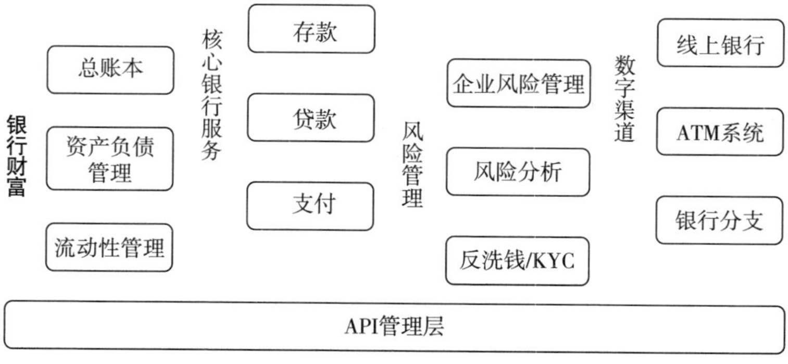

图 5.3　银行即平台模块架构

资料来源：Celent. APIs in Banking: Unlocking Business Value with Banking as a Platform（BaaP）. 2018

至于提供方式和提供方则是银行和第三方的事情。有可能会出现非银行、非银行金融机构、非金融科技公司的第三方，提供包括财务规划等在内的服务。当然，上述几类公司也可以是银行本身，核心要看哪一方的竞争力更强，谁能更快地抢占这个市场。

平台思维需要改变之前的思考方式，不再局限在自己的资源而是能够整合资源；不但实现内部的最优化，而且能够实现内外部的互动；不再仅仅考虑银行或者消费者的利益，而是能够考虑整个生态的价值。

高德纳咨询公司区分了四种基于平台的核心策略，这些策略并非互斥的，它们可以有不同程度的开放性（包括内部、受限/私有或者开放 API）：一是协作平台，它们以新的方式与生态系统合作伙伴实现集成和协作操作；二是业务流程平台，允许在生态系统合作伙伴之间协调共享资源和流程；三是匹配平台，它们促进了索赔人和投标人的会议；四是创新平台，使合作伙伴能够在平台上构建自己的应用程序、产品/服务、功能和业务模型。

平台战略是希望银行能够成为消费者所有金融活动的基础设施，类似电力、互联网一样的存在。在银行趋于无形之际，银行事实上是“隐身”的过程。无论是现在开放银行，还是敏捷银行的逐步建立，都是希望银行服务提供的不间断和抽象化，而提供服务的介质、人员等无形化，最终把银行打造成平台，银行服务则渗透到人们生活的方方面面。

当银行的大楼无法显示出银行的实力，从业人数并不意味着服务质量，网点数量不再是吸收存款的优势，未来银行将会退化成智能手机中的一个应用，或者别人应用平台的一个入口，甚至只是隐藏在某一个消费服务背后支付或者借贷的一个选项按钮。银行服务的无形化必然意味着同质化，表面的同质化需要不同质的竞争策略，否则银行数量必然会出现大规模的下降，因为有互联网的地方就会有银行服务，而现在即使有网点的地方也并不意味着所有人都可以享受银行服务。

技术为本，体验制胜

“开放银行”的建设离不开对前沿技术的研究与应用，就金融科技的底层重大技术来看，需关注人工智能、大数据、互联网技术（移动互联、物联网）、分布式技术（云计算、区块链）、安全技术（密码技术、量子技术、生物识别技术），还有一些尚在发展的前沿技术，如边缘计算、数字孪生、脑机结合、增强现实等以及有向无环图（DAG）、哈希图（Hashgraph）等下一代分布式技术。当然，不同技术的成熟度和可应用程度实际上是有差异的，这也影响到银行科技创新的技术路径选择。

从根本上看，“开放银行”变革的驱动力，与金融科技创新一样，其供给侧驱动因素是不断演进的新技术和变化的金融监管，需求侧影响因素则是不断变化的企业与消费者偏好。

具体看，一是充分适应客户需求更加多元化、专业化、智能化的趋势，真正在客户服务和以客户为中心方面实现实质性的快速改进，同时构建产品和服务的联合提供链条，满足用户的全部需求。

二是无处不在的“交互”。从居民到企业，客户主体习惯的交互界面，已经快速向移动互联网时代转化，整个商业生态都在变，更需要通过“开放银行”的建设，使得未来银行服务如“网”无处不在，体验一“点”触手可及。

三是更好地维护客户关系，有效实现线上线下的结合。长期以来，尽管银行电子化进程逐渐深入，但客户在许多业务环节仍需到网点完成，网点也是银行内部重要的业务与利润中心。未来需要真正实现资源重新整合，面对“开放银行”时代，客户不再局限于本地的挑战，实现“无人”银行背后“有人”服务，从而更有效地维护客户服务、感情，增强客户黏性。

四是从客户到用户，再到伙伴。客户不仅仅是被动地接受产品和服务，而且能够主动定制和提出需求，甚至最终参与到产业链的服务流程中，也成为部分服务的提供者之一。

参考文献

[1] FAKHRI D. Starling Bank and Monzo weaponise their APIs [EB/OL] (2016-09-06) [2019-04-24]. https://banknxt.com/57866/starling-monzo-apis/.

[2] DIGITAL BANKING. BBVA launches first BaaS platform in the U.S. [EB/OL] (2018-10-16) [2019-04-22]. https://www.bbva.com/en/bbva-launches-first-baas-platform-in-the-u-s/.

[3] Celent. APIs in banking: Unlocking business value with banking as a platform [R/OL] (2018-03-21) [2019-04-24]. https://www.fidor.com/documents/analyst-reports/celent-apis-in-banking-unlocking-business-value-with-baap. PDF.

[4] HERNÆS C. Open Banking: What you need to know [EB/OL] (2018-01-22) [2019-02-25]. https://hernaes.com/2018/01/22/open-banking-what-you-need-to-know/.

[5] The Open Banking Implementation Entity. What is Open Banking? [EB/OL] [2019-03-12]. https://www.openbanking.org.uk/customers/what-is-open-banking/.

[6] LendIt. The state of Open Banking [R/OL] (2018-10-10) [2019-02-25]. https://blog.lendit.com/whitepaper-state-open-banking/.

[7] Open Date Institute: Data sharing and open data for banks [EB/OL] (2014-12-03) [2019-03-12]. https://www.gov.uk/government/publications/data-sharing-and-open-data-for-banks

[8] GASSER U, GASSMANN O, HENS T, et al. Digital Banking 2025 [R/OL] (2018-03) [2019-03-15]. http://xupery.com/wp-content/uploads/2017/08/Digital-Banking-2025.pdf.

[9] A. T. Kearney, Efma. Going digital: The banking transformation road map: 2014 [R/OL] [2019-03-15]. https://www.atkearney.com/documents/10192/5264096/Going + Digital + - + The + Banking + Transformation + Road + Map.pdf/60705e64-94bc-44e8-9417-652ab318b233.

[10] The Open Banking Implementation Entity. Open Banking: Guidelines for read/write participants [R/OL] (2018-03-25) [2019-03-25]. https://www.openbanking.org.uk/wp-content/uploads/Guidelines-for-Read-Write-Participants.pdf.

[11] 陈天莹，陈剑锋．大数据环境下的智能数据脱敏系统[J]．通信技术，2016（6）：14－15.

［12］王融．从美欧安全港框架失效看数据跨境流动政策走向［J］．中国信息安全，2016（3）：73.

［13］贾开．跨境数据流动的全球治理：权力冲突与政策合作：以欧美数据跨境流动监管制度的演进为例［J］．汕头大学学报：人文社会科学版，2017（05）：57－64.

［14］何波．国际贸易规则体系下跨境数据流规则梳理与我国应对分析［J］．汕头大学学报：人文社会科学版，2017（5）：53－56.

［15］金晶．欧盟《一般数据保护条例》：演进、要点与疑义［J］．欧洲研究，2018（4）：1－26.

［16］周林彬，马恩斯．数据财产归属的反思：基于卡尔多－希克斯模型［J］．制度经济学研究，2018（4）：1－16.

［17］张文亮．个人数据保护立法的要义和进路［J］．江西社会科学，2018（6）：38－39.

［18］周科．开放银行理念的缘由、实施和挑战［J］．清华金融评论，2018（6）：74－76.

［19］孙南翔．论作为消费者的数据主体及其数据保护机制［J］．政治与法律，2018（7）：22－28.

［20］金 B. 银行4.0［M］．广州：广东经济出版社，2018.

［21］张晓朴，姚勇．未来智能银行［M］．北京：中信出版社，2018.

［22］汉考克 J，里奇蒙德 S. 消失的银行［M］．北京：中信出版社，2018.

［23］杨涛，贲圣林，杨东，等．中国金融科技运行报告：2018［M］．北京：社会科学文献出版社，2018.